Boller | **Gesamtwirtschaft**
Speth | für das kaufmännische Berufskolleg II
Hartmann |

Boller
Speth
Hartmann

Gesamtwirtschaft
für das kaufmännische Berufskolleg II

Merkur

Verlag Rinteln

Wirtschaftswissenschaftliche Bücherei für Schule und Praxis
Begründet von Handelsschul-Direktor Dipl.-Hdl. Friedrich Hutkap †

Verfasser:

Dr. Eberhard Boller, Dipl.-Hdl.

Dr. Hermann Speth, Dipl.-Hdl.

Gernot B. Hartmann, Dipl.-Hdl.

* * * *

1. Auflage 2017

© 2017 by MERKUR VERLAG RINTELN

Gesamtherstellung:

MERKUR VERLAG RINTELN Hutkap GmbH & Co. KG, 31735 Rinteln

E-Mail: info@merkur-verlag.de
          lehrer-service@merkur-verlag.de

Internet: www.merkur-verlag.de

ISBN 978-3-8120-**0530-2**

Vorwort

Dieses Schulbuch ist ausgerichtet am Bildungsplan „Gesamtwirtschaft" für das Berufskolleg II vom 17.07.2018. Er ist seit dem 1. August 2018 in Kraft.

Für Ihre Arbeit mit dem vorgelegten Schulbuch möchten wir auf Folgendes hinweisen:

- Von den Autoren wurde bewusst darauf geachtet, dass die vorgegebenen **Kompetenzen inhaltlich vollständig und umfassend thematisiert** werden, sodass außerhalb des Buches keine zusätzlichen Materialien erforderlich sind. Dabei bleibt den Lehrkräften genügend didaktischer Freiraum, eigene Schwerpunkte oder regionale Besonderheiten zu berücksichtigen.

- Um die Schülerinnen und Schüler in die Lage zu versetzen, betriebliche Handlungen im Rahmen unternehmerischer Zielsetzungen selbstständig, kooperativ und kundenorientiert auszuführen, werden den Hauptkapiteln **Lernsituationen** vorangestellt. Jede Situation enthält zudem am Ende konkrete **kompetenzfördernde Arbeitsaufträge,** die, eingebettet in den situativen Kontext, die **unterschiedlichen Dimensionen der Handlungskompetenz** fördern.

- Die **problemhaltigen Lernsituationen** zielen u.a. darauf ab, die Lebensrealität der Schülerinnen und Schüler mit einzubeziehen, sodass fachliche und überfachliche **Kompetenzen** problemloser miteinander verknüpft werden können. Des Weiteren erlauben die Lernsituationen **individuelle Lernwege** und ermöglichen den Schülerinnen und Schülern sowohl durch **eigenes Handeln** als auch in **Kooperation** untereinander konkrete Handlungs- und Lernergebnisse anzufertigen und anschließend über die gewählten Lernwege zu **reflektieren.**

  Zur Beantwortung der an die Lernsituation anknüpfenden **kompetenzorientierten Arbeitsaufträge** ist es im Regelfall erforderlich, dass die Schülerinnen und Schüler das jeweilige Kapitel zunächst durcharbeiten.

- Am Ende eines jeden Kapitels findet sich ein umfangreiches **Kompetenztraining.** Dieses beinhaltet im Wesentlichen komplexe und realitätsnahe Problemstellungen unter Berücksichtigung der Erfahrungswelt der Lernenden. Das Kompetenztraining dient in erster Linie dem selbstgesteuerten Lernen und einer aktiven Beteiligung der Lernenden.

- Am Ende des Kompetenzbereichs werden im Bildungsplan **fakultative Inhalte** aufgeführt, die an die formulierten Kompetenzen anknüpfen, jedoch über die Erwartungen des Faches hinausgehen. Im vorliegenden Schulbuch werden diese Inhalte **im Anschluss an die obligatorischen Inhalte** dargestellt.

- Zahlreiche Abbildungen, aktuelle Schaubilder, Begriffsschemata und Gegenüberstellungen erhöhen die Anschaulichkeit und Einprägsamkeit der Informationen.

Ein ausführliches Stichwortverzeichnis hilft Ihnen dabei, Begriffe und Erläuterungen schnell aufzufinden.

Wir wünschen Ihnen einen **guten Lehr- und Lernerfolg!**

Die Verfasser

Inhaltsverzeichnis

Fakultative Inhalte

1 Idealtypische Wirtschaftsordnungen im Überblick darstellen

Lernsituation 1:

An einem Samstagabend treffen sich die beiden Freundinnen Meike und Karla in einem Bistro, um in aller Ruhe den weiteren Verlauf des Abends zu planen. Nachdem Karla ausführlich über ihren heutigen Shoppingstress beim Kauf neuer Schuhe und einer Lederjacke mit einer dazu passenden Handtasche berichtet hat, fragt sie Meike, wie sie denn den heutigen Tag verbracht habe.

Die 17-jährige Meike berichtet, dass sie schon ganz früh am Morgen mit ihrer Mutter zunächst beim Bäcker Brötchen und Croissants besorgt hat. Anschließend hätten sie dann noch beim Metzger etwas Wurstaufschnitt sowie für die morgen geplante Grillparty ihrer Eltern verschiedenartiges Grillgut gekauft. Auf dem Rückweg wären sie noch beim Getränkehändler vorbeigefahren, um einige Getränke zu besorgen.

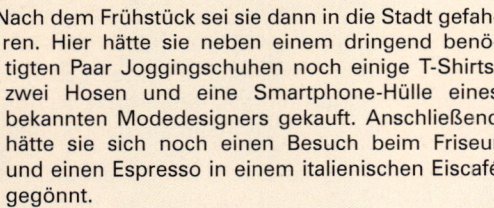

Nach dem Frühstück sei sie dann in die Stadt gefahren. Hier hätte sie neben einem dringend benötigten Paar Joggingschuhen noch einige T-Shirts, zwei Hosen und eine Smartphone-Hülle eines bekannten Modedesigners gekauft. Anschließend hätte sie sich noch einen Besuch beim Friseur und einen Espresso in einem italienischen Eiscafé gegönnt.

Nachdem sich Karla und Meike ausführlich über die Ereignisse des heutigen Tages und ihre umfangreichen Shoppingerlebnisse ausgetauscht haben, beschließen beide spontan einen Kinobesuch. Sie informieren sich über ihr Smartphone über das aktuelle Kinoprogramm und einigen sich schnell über einen Film, den sich beide unbedingt ansehen möchten. Da die nächste Filmvorführung schon in einer knappen Stunde beginnt, möchte Meike zwei Kinokarten mit dem Smartphone vorbestellen. Bei dem Versuch, die Karten zu reservieren, muss sie jedoch feststellen, dass diese Vorführung bereits ausverkauft ist. Verärgert über diesen Fehlversuch sagt Meike: *„Da plant man mal ausnahmsweise spontan einen Kinobesuch und schon geht es daneben. Wie viel Pech kann man eigentlich an einem Wochenende noch haben?"*

Karla sieht ihre Freundin erstaunt an, schüttelt den Kopf und entgegnet: *„Jetzt übertreibst du aber maßlos. Ärger dich doch nicht darüber, was nicht geklappt hat, sondern freu dich vielmehr darüber, was alles gut gelaufen ist. Überleg doch mal, was wir beide heute alles gekauft haben. Und immer haben wir das bekommen, was wir uns so vorgestellt haben. Hast du eigentlich schon einmal darüber nachgedacht, wie das sein kann, dass Millionen von Menschen Tag für Tag eigene Einkaufspläne schmieden und von wenigen Ausnahmen abgesehen, ist das, was die Menschen kaufen möchten, immer in den Läden vorhanden, ohne dass sie diese Güter oder Dienstleistungen im Vorfeld bestellt haben? Wer plant das Ganze eigentlich? Ich habe mir diese Frage schon öfters gestellt, aber bis heute habe ich keine Antwort darauf gefunden."*

Meike schaut ihre Freundin fragend an und antwortet: *„Du hast ja vollkommen Recht, und wenn ich ehrlich bin, habe ich mir diese interessante Frage noch nie gestellt. Eine Antwort darauf habe ich allerdings spontan auch nicht parat!"*

Kompetenzorientierte Arbeitsaufträge:

1. Fassen Sie noch einmal die zentrale Frage von Karla zusammen!

2. Erläutern Sie, was man unter einer Wirtschaftsordnung versteht!

3. Grenzen Sie die Begriffe Individualismus und Kollektivismus voneinander ab!

4. Vergleichen Sie die beiden idealtypischen Wirtschaftsordnungen der Zentralverwaltungswirtschaft und der freien Marktwirtschaft mittels einer Übersicht!

   Gehen Sie dabei insbesondere auf die Aspekte Planungs-, Koordinations- und Motivationssystem, Eigentumsordnung, Vertrags-, Gewerbe- und Konsumfreiheit sowie der Funktion des Staates ein!

1.1 Begriff der Wirtschaftsordnung

(1) Problemstellung

Betrachtet man das Wirtschaftsgeschehen der Vielzahl der in einer Volkswirtschaft (miteinander) agierenden Wirtschaftssubjekte, so lassen sich sehr leicht gewisse Parallelen zu einem Ameisenbau ziehen. Auf den ersten Blick herrscht dort ein wildes Durcheinander Zigtausender von Ameisen. Bei längerer Beobachtung aber kann man erkennen, dass auf bestimmten Wegen ein systematisches Kommen und Gehen stattfindet, das scheinbar planlose Gewirr also insgeheim ein geordnetes Ganzes bildet.

Nicht weniger faszinierend ist die Wirtschaftsordnung eines Staates mit 2, 50 oder 300 Millionen Einwohnern, die gewährleistet, dass die von den Einwohnern gewünschten Güter und Dienstleistungen in dem erforderlichen Umfang zur gewünschten Zeit am richtigen Ort zur Verfügung stehen.

Fast jeden Tag aufs Neue erleben wir, dass – von wenigen Ausnahmen abgesehen – geplante Einkaufswünsche realisiert werden können. Dieser für viele als **selbstverständlich** empfundene Umstand ist jedoch umso **erstaunlicher,** wenn man darüber nachdenkt, dass hierzulande **Millionen** von Menschen täglich die unterschiedlichsten Konsumpläne aufstellen und diese dann auch durch entsprechende Produkt- und Dienstleistungsangebote erfüllt werden können. Bemerkenswert ist dabei insbesondere, dass die meisten Pläne von den Verbrauchern **„insgeheim"** aufgestellt werden, die Anbieter also im Vorfeld von den konkreten Kaufwünschen ihrer Kunden nichts wissen.

(2) Notwendigkeit eines staatlichen Ordnungsrahmens

Wie kommt das zustande? Wer trifft letztlich die **Entscheidungen** über die **Verwendung** und **Verteilung** knapper Ressourcen und Güter und wer behält den **Überblick** bei den unzähligen wechselseitigen Abhängigkeiten dieses komplexen Geschehens?

Die Antwort ist relativ einfach; denn keine Volkswirtschaft kann funktionieren, wenn keine **sinnvolle Planung** betrieben wird. Gegensätzlich sind jedoch die Auffassungen darüber, wer dieses komplexe Geschehen planen soll. Hierbei bestehen grundsätzlich **zwei Möglichkeiten,** entweder man lässt die **einzelnen Wirtschaftssubjekte,** also die Konsumenten und die Produzenten, **selber planen und entscheiden** oder man überträgt die Planungen auf eine übergeordnete **zentrale Behörde.**

Unabhängig davon, wie die Entscheidung auch ausfallen mag, es handelt sich in beiden Fällen um ein Ordnungsgefüge, welches das Wirtschaftsgeschehen steuert.

> Die **Wirtschaftsordnung** ist die Art und Weise, wie eine Volkswirtschaft die Produktion und die Verteilung der hergestellten Güter organisiert.

(3) Individualismus und Kollektivismus

Die Ausgestaltung der Wirtschaftsordnung hängt weitgehend von den gesellschaftspolitischen Grundentscheidungen zwischen **Individualismus** einerseits und **Kollektivismus** andererseits ab. Individualismus und Kollektivismus stellen die beiden großen **gegensätzlichen Anschauungen über das Wesen des Menschen** dar.

■ Individualismus[1]

Für den Individualismus ist die Freiheit des Einzelnen oberster Grundsatz. Der Staat ist nur ein Zweckverband, innerhalb dessen die Bürger ihren einzelwirtschaftlichen egoistischen[2] Zielen nachgehen. Die Aufgabe des Staates besteht lediglich darin, den inneren und äußeren Rechtsschutz zu gewährleisten (Nachtwächterstaat).

Die Wirtschaftsordnung, die den Individualismus zugrunde legt, ist die **freie Marktwirtschaft.**

> Die **freie Marktwirtschaft** ist eine **idealtypische**[3] **Wirtschaftsordnung,** in der der Staat nicht in das wirtschaftliche Geschehen eingreift. Die Freiheit des Einzelnen ist das oberste Gebot.

■ Kollektivismus[4]

Für den Kollektivismus ist der Mensch in erster Linie ein Sozialwesen (Gemeinschaftswesen). Deswegen stehen **Staat und Gesellschaft über dem Einzelnen.** Hieraus folgt, dass sich der **Einzelne** den Prinzipien der Gesellschaft bzw. des Staates **unterzuordnen** hat.

Die Wirtschaftsordnung, die den Kollektivismus zugrunde legt, ist die **Zentralverwaltungswirtschaft.**

> Die **Zentralverwaltungswirtschaft** ist eine **idealtypische Wirtschaftsordnung,** in der der Staat das gesamte wirtschaftliche Geschehen plant, lenkt und kontrolliert. Gemeinnutz geht vor Eigennutz.

---

1 **Individualismus:** Anschauung, die dem Individuum (dem Einzelnen) und seinen Bedürfnissen den Vorrang vor der Gemeinschaft einräumt.

2 **Egoistisch:** selbstsüchtig.

3 Von „**Idealtyp**" spricht man deswegen, weil die genannten extremen Wirtschaftsmodelle lediglich in der Idee, aber nicht in der Realität (Wirklichkeit) vorkommen.

4 **Kollektiv:** Gesamtheit, Zusammenschluss (Kollektivum: das Ganze). Aufgrund des Bildungsplans wird die Zentralverwaltungswirtschaft im Folgenden nicht dargestellt.

1.2 Idealtypen von Wirtschaftsordnungen

Bei den beiden idealtypischen Wirtschaftsordnungen der **Zentralverwaltungswirtschaft** und der **freien Marktwirtschaft** handelt es sich um die beiden **gedanklichen (ideellen) Grundmodelle** aller real existierenden Wirtschaftsordnungen. In der nachfolgend dargestellten Ausprägung hat es diese beiden ideellen Wirtschaftsordnungen bisher in keiner Volkswirtschaft gegeben.

1.2.1 Freie Marktwirtschaft als idealtypische Wirtschaftsordnung

(1) Funktionsweise des Modells

Charakteristisches Merkmal der freien Marktwirtschaft ist, dass die **Unternehmen** und die **privaten Haushalte** ihr wirtschaftliches Handeln **eigenständig** planen und durchführen.

> Das **Modell der freien Marktwirtschaft** ist durch **dezentrale**[1] **Entscheidungsfindung** gekennzeichnet.

Die **Haushalte** treten auf den **Faktormärkten** als Anbieter der beiden **Produktionsfaktoren Arbeit** und **Boden** auf, die von den Unternehmen nachgefragt werden. Den Haushalten fließen für die Arbeitsleistungen und für die zur Verfügung gestellten Bodennutzungen **Einkommen** zu.

Die **Unternehmen** bieten auf den **Konsumgütermärkten** ihre Fertigerzeugnisse an, die die Haushalte kaufen. Die Einnahmen aus dem Verkauf der Fertigerzeugnisse stellen für die Unternehmen **Umsatzerlöse** dar.

Den Banken fließen auf den **Finanzmärkten** u. a. die Ersparnisse der Haushalte zu. Es entstehen Forderungen der Haushalte an die Banken. Die Unternehmen erhalten Kredite, es entstehen Verbindlichkeiten der Unternehmen gegenüber den Banken.

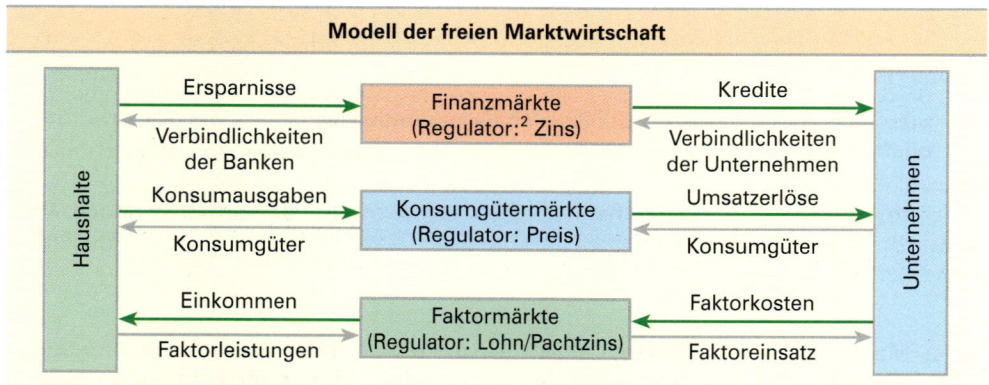

---

1 **Dezentral:** nicht von einer zentralen Stelle aus.

2 **Regulator:** steuernde, ausgleichende Kraft.

Erläuterungen:

■ **Faktormärkte** sind Märkte, auf denen Produktionsfaktoren gehandelt werden.

■ **Produktionsfaktoren** sind alle Hilfsmittel (Ressourcen), die bei der Produktion mitwirken.

> ■ Der **Produktionsfaktor Boden/Umwelt** umfasst die **Erdoberfläche** und **alle von der Natur be-reitgestellten Ressourcen** (z. B. Bodenschätze, Wind, Sonne, Klima, Wasser, Pflanzen, Tiere).
>
> ■ Der Produktionsfaktor Boden/Umwelt dient dem Menschen als **Anbaufaktor,** als **Abbaufaktor** und als **Standortfaktor.**
>
> ■ Neben den **originären Produktionsfaktoren** Natur und **Arbeit** setzt der Mensch als weitere Hilfsmittel noch die Produktionsfaktoren **Kapital** und **Bildung** ein, um den Erfolg seiner Arbeit zu erhöhen.

> ■ Im **Modell der freien Marktwirtschaft** regulieren sich die Konsumgütermärkte mit-hilfe des **Preises,** die Finanzmärkte mithilfe des **Zinses** und die Faktormärkte mit-hilfe des **Lohns** und des **Pachtzinses (Marktautomatismus).**
>
> ■  ʼ˙ʼrktwirtschaft **Koordinationsinstanz.**[1]

(2) Ordnungsmerkmale (Grundvoraussetzungen) des Modells

Damit eine marktgesteuerte Wirtschaft funktionsfähig sein kann, müssen folgende Ord-nungsmerkmale gegeben sein:

> ■ Der Staat greift überhaupt **nicht** in das Wirtschaftsgeschehen ein. Er hat lediglich die Aufgabe, die marktwirtschaftliche Grundordnung zu erhalten, die äußere Sicherheit zu gewährleisten und die Einhaltung der Spielregeln zu überwachen **(Nachtwächterstaat).**
>
> ■ Die Entscheidung darüber, was, wo und wie viel produziert wird, liegt **ausschließlich** bei den Unternehmen **(Produktionsfreiheit, Gewerbefreiheit, Niederlassungsfreiheit).**
>
> ■ Die Entscheidung darüber, was und wie viel gekauft wird, liegt ausschließlich bei den Konsu-menten **(Konsumfreiheit).**
>
> ■ Es bleibt den Unternehmen und Haushalten überlassen, ob und wie viel sie importieren oder exportieren wollen **(Freihandel).**
>
> ■ Die Ausgestaltung der Verträge (Kauf-, Miet-, Pacht-, Kartellverträge usw.) wird den Vertrags-parteien überlassen **(Vertragsfreiheit).**
>
> ■ Die Steuerung der Wirtschaft über den Preis setzt das Vorhandensein eines allgemein aner-kannten Zahlungsmittels, also von Geld, voraus **(Geldwirtschaft).**
>
> ■ Das **Privateigentum an den Produktionsmitteln** (am „Kapital", daher „Kapitalismus") muss gewährleistet sein.
>
> ■ **Freie Berufswahl, Arbeitsplatzwahl** und **Freizügigkeit** müssen garantiert sein (andernfalls kann der **„Lohnmechanismus"** nicht wirken, also jener Mechanismus, der dafür sorgt, dass sich Löhne und Gehälter am Arbeitsmarkt durch Angebot und Nachfrage bilden).

> Das **Modell der freien Marktwirtschaft** ist durch eine **freiheitliche Rechtsordnung,** das **Privateigentum,** die **Vertragsfreiheit** und die **Freiheit der wirtschaftlichen Betä-tigung** gekennzeichnet.

---

1 **Koordination:** Abstimmung; Instanz: maßgebliche „Stelle".

1.2.2 Zentralverwaltungswirtschaft als idealtypische Wirtschaftsordnung

(1) Funktionsweise des Modells

> Die **Zentralverwaltungswirtschaft**[1] ist durch **zentrale Entscheidung, Planung** und **Kontrolle** gekennzeichnet.

- Es ist zwischen kurzfristiger und langfristiger Planung zu unterscheiden. Die kurzfristige Planung (Jahrespläne) wird als **Operativplanung,** die langfristige Planung (Fünf- und Zehnjahrespläne) als **Perspektivplanung** bezeichnet.
- In diesem Grenzmodell gibt es **keine Märkte,** also weder Preis-, Lohn- noch Zinsmechanismus. Das **Geld** hat nur die Aufgabe, Verrechnungseinheit zu sein.

■ Planung der Produktion

Will der Staat die Produktion planen, muss er sich ein genaues Bild über die einsetzbaren Faktormengen, d. h. über Boden, Bodenschätze und Arbeitskräfte einerseits und Fabrikanlagen, Transportmittel und Rohstoffe andererseits machen. Die Güte des Produktionsplans hängt damit weitgehend vom Stand der Statistik ab.

■ Planung des Konsums

Noch schwieriger als die zentrale Produktionsplanung ist die Planung des Konsums. Die Planungsbehörde muss sich vollkommen über die Verbraucherwünsche im Klaren sein, es sei denn, sie setzt von sich aus fest, was der Einzelne zu verbrauchen hat bzw. verbrauchen darf. Will sie das nicht, ist eine Orientierung beispielsweise über Verbraucherbefragungen möglich, wenn Fehlplanungen vermieden werden sollen. Fehlplanungen im Konsumgüterbereich bedeuten, dass entweder ein Teil der Produktion nicht absetzbar ist (die Nachfrage ist zu gering) oder das Angebot nicht ausreicht (die Nachfrage ist zu groß). Im letzteren Fall muss das Angebot rationiert werden, d. h., jeder erhält eine von der Planungsbehörde festgelegte Zuteilung (Gutschein- oder Bezugsscheinsystem).

(2) Ordnungsmerkmale (Grundvoraussetzungen) des Modells

Damit eine zentralgesteuerte Wirtschaft funktionsfähig sein kann, müssen folgende Ordnungsmerkmale gegeben sein:

- Eine **zentrale Planungsbehörde** (eine staatliche Behörde) plant Verbrauchs- und Produktionsmengen.
- Die **Verteilung** der zu erstellenden Gütermengen und Dienstleistungen wird zeitlich und örtlich **vorausgeplant.**
- Die Produzenten können keine Entscheidungen darüber treffen, ob, was und wie viel sie produzieren wollen **(keine Produktionsfreiheit, keine Gewerbefreiheit, keine Niederlassungsfreiheit).**
- Ebenso können die Verbraucher keine Entscheidungen darüber treffen, was und wie viel sie verbrauchen wollen **(keine Konsumfreiheit,** sondern **Zuteilungssystem).**

---

1 Statt Zentralverwaltungswirtschaft werden auch folgende Begriffe gebraucht: Zentralwirtschaft, zentral gelenkte Wirtschaft, Gemeinwirtschaft, Planwirtschaft, Kommandowirtschaft.

- Weder Unternehmen noch Haushalte können darüber entscheiden, ob und wie viel sie importieren oder exportieren wollen (**kein Freihandel,** sondern **staatlicher Außenhandel; Devisenzwangswirtschaft**).
- **Keine Vertragsfreiheit.**
- Da der Staat die Produktions- und Konsumentscheidungen trifft, kann es **kein Privateigentum** an den Produktionsmitteln geben. Die Produktionsmittel sind verstaatlicht (in **Kollektiveigentum** überführt d. h. sozialisiert).
- **Keine freie Berufswahl, keine Arbeitsplatzwahl** und **keine Freizügigkeit,** weil die Planerfüllung verlangt, dass die Arbeitskräfte dort eingesetzt werden, wo sie am dringendsten benötigt werden.

Sowohl in der freien Marktwirtschaft als auch in der Zentralverwaltungswirtschaft wird geplant, denn ohne Planung ist wirtschaftliches Handeln nicht möglich. Der Unterschied zwischen den beiden Wirtschaftsordnungen besteht darin, dass in der freien Marktwirtschaft nicht von einer zentralen Stelle aus, sondern von autonomen, d. h. in ihrer Handlungsfreiheit unbeeinträchtigten Unternehmen und Haushalten Pläne erstellt und durchgeführt werden.

Kompetenztraining

1

1. Nennen Sie die grundsätzlichen Lösungsmöglichkeiten, die es für die Fragen was, wie, wann und für wen produziert werden soll gibt!

2. Nennen Sie die Steuerungsmittel der Marktwirtschaft!

3. Begründen Sie, ob eine Marktwirtschaft ohne Privateigentum an Produktionsmitteln realistisch ist!

4. Beschreiben Sie, wie die Wirtschaftssubjekte in einer Marktwirtschaft erfahren, ob ein Gut knapp ist!

5. Erläutern Sie, wodurch in der Marktwirtschaft vermieden wird, dass es zu wirtschaftlicher Macht kommt!

6. Entscheiden Sie, ob es die Marktwirtschaft unter den aufgeführten Bedingungen in der Wirklichkeit gibt!

7. Lesen Sie den folgenden Zeitungsausschnitt und erörtern Sie die anschließenden Fragen!

Verstaatlichung – ein neues Patentrezept

Die konjunkturellen und strukturellen Krisen der vergangenen Jahre und ihre Folgen (Unternehmenspleiten, Betriebsstilllegungen, die rapide Zunahme der Zahl der Arbeitslosen) haben auch Ideen und Rezepten wieder Aufwind gegeben, die lange Zeit in Vergessenheit geraten waren: Besonders in den Reihen der Gewerkschaften und bei ihren wissenschaftlichen Ratgebern werden immer lauter Forderungen nach einer verstärkten staatlichen Wirtschaftslenkung bis hin zu einer Verstaatlichung der von der Krise besonders gebeutelten Großunternehmen vorgebracht. Wäre dies ein Patentrezept zur Lösung unserer Probleme? Sind etwa die Manager eines staatlichen Unternehmens prinzipiell besser in der Lage, eine Unterauslastung der sachlichen und menschlichen Kapazitäten mit dadurch drohender Arbeitslosigkeit zu verhindern, als ihre Kollegen in einem privatwirtschaftlichen Unternehmen? Können sie allein aufgrund des staatlichen Eigentums an ihrem Unternehmen eine bessere Absatz-, Einkaufs-, Finanz-, Produktionspolitik usw. betreiben?

Aufgaben:

7.1 Beantworten Sie die am Ende dieses Artikels gestellten Fragen!

7.2 Erläutern Sie, welche Auswirkungen es auf den Markt hätte, wenn Großunternehmen verstaatlicht würden!

7.3 Beurteilen Sie, welche Konsequenzen eine Verstaatlichung von Großunternehmen für Klein- und Mittelbetriebe hätte!

7.4 Beurteilen Sie, welche Konsequenzen eine Verstaatlichung von Großunternehmen für die Verbraucher hätte!

7.5 Entscheiden Sie begründet, für wen eine Verstaatlichung von Großunternehmen Vorteile brächte!

8. Erläutern Sie den Zusammenhang zwischen der Wirtschaftsordnung eines Landes und der jeweiligen Staatsform!

9. Entscheiden Sie, welche der nachfolgenden Aussagen für die Grundmodelle von Wirtschaftsordnungen zutreffen!

Notieren Sie bitte als Lösung eine

(1), wenn diese Aussage nur für das Modell der Marktwirtschaft gilt,

(2), wenn diese Aussage nur für das Modell der Zentralverwaltungswirtschaft gilt,

(3), wenn diese Aussage für beide Modelle gilt,

(4), wenn diese Aussage für keines der beiden Modelle gilt!

9.1 Die Produktionsmittel befinden sich zum größten Teil in staatlicher Hand.

9.2 Diese Wirtschaftsordnung ist gekennzeichnet durch eine Mehrplanwirtschaft mit Wettbewerbssteuerung.

9.3 Die individuelle Freiheit des Einzelnen findet besondere Beachtung.

9.4 Löhne und Gehälter werden zwischen Arbeitgeber und Arbeitnehmer grundsätzlich individuell vereinbart.

9.5 Der Import ausländischer Güter ist jedem Unternehmen freigestellt.

9.6 Die Regierungen können Rechtsnormen erlassen, die das wirtschaftliche Miteinander regeln.

9.7 Diese Wirtschaftsordnung stellt sicher, dass jedes Wirtschaftssubjekt seine Pläne erfüllen kann.

9.8 Eigentum des Staates ist bei dieser Wirtschaftsordnung nicht vorgesehen.

9.9 Unternehmen verfügen über eine Unternehmensleitung.

9.10 Oberstes Ziel der Unternehmen ist die Gewinnmaximierung.

9.11 Der Staat garantiert eine erstklassige Versorgung der Haushalte mit allen Produkten des alltäglichen Bedarfs.

9.12 Die Wünsche und Vorstellungen des Einzelnen sind nicht so wichtig wie das Wohl der Gemeinschaft.

9.13 Im Wesentlichen werden die Preise staatlich fixiert.

9.14 Die Planung der Produktion erfolgt in den Unternehmen.

10. Beide idealtypischen Wirtschaftsordnungen bringen Vor- und Nachteile mit sich.

Aufgabe:

Kennzeichnen Sie als Lösung nachfolgende Aussagen mit einer

(1), wenn es sich um einen Vorteil der Marktwirtschaft handelt,

(2), wenn es sich um einen Nachteil der Marktwirtschaft handelt,

(3), wenn es sich um einen Vorteil der Zentralverwaltungswirtschaft handelt,

(4), wenn es sich um einen Nachteil der Zentralverwaltungswirtschaft handelt.

Notieren Sie eine (9), wenn keine Zuordnung möglich erscheint!

10.1 Die Durchsetzung individueller Interessen kann zulasten des Gemeinwohls gehen.

10.2 Die Eigeninitiative der Wirtschaftssubjekte ist kaum vorhanden.

10.3 Die Produktionsfaktoren werden in gewinnbringende Sektoren gelenkt.

10.4 Die tatsächliche Knappheit der Güter spiegelt sich kaum mehr in den Preisen wider.

10.5 Für die Mitglieder der Gesellschaft besteht die Möglichkeit zur Selbstverwirklichung.

10.6 Die Machtbefugnisse des Staates im Wirtschaftsleben sind sehr umfangreich.

10.7 Die Entscheidung zur bedarfsdeckenden Versorgung orientiert sich nicht ausschließlich am Gewinn.

10.8 „Schwächere" Wirtschaftssubjekte werden durch den fehlenden Wettbewerb nicht an den Rand ihrer Existenz gedrängt.

10.9 Jedes Mitglied der Gesellschaft handelt nach dem Minimalprinzip.

10.10 Die Handlungen der Wirtschaftssubjekte werden durch einen Ordnungsrahmen koordiniert.

10.11 Es werden wenig öffentliche Güter angeboten.

10.12 Das Risiko der Arbeitslosigkeit ist – insbesondere bei schlechter Konjunkturlage – sehr hoch.

10.13 Der technische Fortschritt kann sich nicht voll entfalten.

10.14 Es kommt zu einer Überforderung von Zentralbehörden.

10.15 Ein wesentliches Ordnungsmerkmal dieser Wirtschaftsordnung ist die Konsumfreiheit.

10.16 Es kann zu Machtkonzentrationen und Monopolisierungen und somit zumindest kurzfristig zur Ausbeutung schwächerer Marktteilnehmer kommen.

10.17 Für breite Bevölkerungskreise besteht – wenn auch auf einem vergleichsweise niedrigen Niveau – Versorgungssicherheit.

2 Boller, Speth, Hartmann - ISBN 978-3-8120-0530-2

2 Grundlagen und Ordnungsmerkmale der sozialen Marktwirtschaft in der Bundesrepublik Deutschland beschreiben

Lernsituation 2:

Lesen Sie zunächst den nachfolgenden Artikel!

Soziale Marktwirtschaft

Die deutsche Wirtschaftspolitik orientiert sich seit Mitte des 20. Jahrhunderts am Konzept der Sozialen Marktwirtschaft. Es geht zurück auf Ludwig Erhard, der von 1949 bis 1963 der erste Bundeswirtschaftsminister der Bundesrepublik Deutschland war. Die zentrale Idee besteht darin, die Freiheit aller, die als Anbieter oder Nachfrager am Markt teilnehmen, zu schützen und gleichzeitig für sozialen Ausgleich zu sorgen.

Der erste Grundsatz in der Sozialen Marktwirtschaft ist, dass die Märkte über den Preismechanismus für den Ausgleich von Angebot und Nachfrage sorgen: Sind besonders begehrte Güter knapp, steigt deren Preis. Das drängt Nachfrage zurück und bietet zugleich Gewinnmöglichkeiten für zusätzliche Anbieter. Anbieter werden versuchen, die Produktion so kostengünstig wie möglich zu gestalten.

Es ist eine wichtige Aufgabe des Staates, den Rahmen für einen funktionierenden Wettbewerb zu schaffen und zu erhalten. Gleichzeitig muss er die Bereitschaft und die Fähigkeit der Menschen zu eigenverantwortlichem Handeln und mehr Selbstständigkeit fördern.

Der zweite Grundsatz der Sozialen Marktwirtschaft neben dem freien Markt ist der soziale Ausgleich. Dieser soll eine soziale Absicherung für diejenigen bereitstellen, die aufgrund von Alter, Krankheit oder Arbeitslosigkeit keine Markteinkommen erzielen können. Zu einer Sozialen Marktwirtschaft gehören zudem nicht nur gute Wettbewerbsbedingungen und ein gutes Investitionsklima, sondern auch soziale Teilhabe sowie Chancengerechtigkeit.

Rechtliche Grundlage

Die Soziale Marktwirtschaft wurde nie namentlich als Wirtschaftssystem Deutschlands im Grundgesetz verankert, weil das Grundgesetz keinen eigenen Abschnitt zur Wirtschaft enthält. Allerdings legen zentrale Elemente unserer Rechtsordnung, wie u. a. die Grundrechte, die Vertrags- und Koalitionsfreiheit oder das Recht auf eine freie Berufs- und Arbeitsplatzwahl die Grundlage für die Soziale Marktwirtschaft und schließen die Extreme einer reinen Zentralverwaltungswirtschaft oder einer schrankenlosen Marktwirtschaft aus.

Textquelle: www.bmwi.de. (Auszug).

Kompetenzorientierte Arbeitsaufträge:

1. Nennen Sie die zentrale Idee der sozialen Marktwirtschaft und legen Sie kurz dar, wo die soziale Marktwirtschaft in der Bundesrepublik Deutschland verankert ist!

2. Erläutern Sie in wenigen Worten die aus dieser Idee (vgl. Aufgabe 1) resultierende Zielsetzung der sozialen Marktwirtschaft!

3. Ein Grundsatz der sozialen Marktwirtschaft betont den sogenannten „sozialen Ausgleich". Erläutern Sie kurz, was man hierunter versteht und führen Sie konkrete Beispiele an, in welcher Form dieser Grundsatz im Alltag anzutreffen ist!

4. Nicht wenige Kritiker führen immer wieder an, dass der „soziale Ausgleich" ein wesentlicher Grund für die zunehmende Belastung der öffentlichen Haushalte darstellt.

   Recherchieren Sie im Internet, wie hoch die Sozialausgaben aktuell die öffentlichen Haushalte belasten und diskutieren Sie über Möglichkeiten, diese Ausgaben künftig einzudämmen!

2.1 Grundlagen der sozialen Marktwirtschaft

Wird in der öffentlichen Diskussion von „sozialer Markt-wirtschaft" gesprochen, ist immer die in der Wirklichkeit (Realität) der Bundesrepublik Deutschland bestehende Wirtschaftsordnung gemeint. „Vater" der sozialen Markt-wirtschaft ist Ludwig Erhard.[1]

Die soziale Marktwirtschaft sieht den **Menschen sowohl als Individual- als auch als Kollektivwesen.** Grundziel dieser Wirtschafts- und Gesellschaftsordnung ist: „So viel **Frei-heit wie möglich,** so viel **staatlichen Zwang wie nötig",** wobei man sich freilich immer darüber streiten kann, was möglich bzw. was nötig ist.

> Die **soziale Marktwirtschaft** ist eine **Wirtschaftsordnung,** die grundsätzlich den freien Markt bejaht, ohne die Nachteile der freien Marktwirtschaft in Kauf nehmen zu wollen.

Soziale Marktwirtschaft

Freier Wettbewerb Sicherung des Wettbewerbs	Staat	Sozialer Ausgleich zugunsten wirtschaftlich Schwacher
■ Gewerbefreiheit ■ Produktions- und Handelsfreiheit ■ Europäische Niederlassungsfreiheit ■ freie Arbeitsplatzwahl ■ freie Berufswahl ■ freie Konsumwahl ■ Schutz des Privateigentums	legt in Gesetzen die Regeln fest	■ Sozialversicherungen: solidari-sche Unterstützung in Notsitua-tionen ■ Arbeitnehmerschutz ■ Verbraucherschutz

Bürgergesellschaft, freiwilliges Engagement

Quelle: Sozialpolitik, Ausgabe 2015/2016

2.2 Ordnungsmerkmale der sozialen Marktwirtschaft

Die soziale Marktwirtschaft ist insbesondere gekennzeichnet durch:

(1) Freiheit der Märkte und deren Begrenzung durch sozialen Ausgleich

- Bei der sozialen Marktwirtschaft sind **Freiheit und Verantwortung** miteinander gekoppelt. Die Verantwortung umfasst die Verantwortung des **Einzelnen** für sich **selbst** und auch für **andere.**

- Das Konzept der sozialen Marktwirtschaft ist **nicht** auf einen **Versorgungsstaat** ausgelegt, der den Einzelnen **zeitlich unbegrenzt** und **ohne jegliche Eigenverantwortung** unterstützt.

- Der Staat **sichert** jedoch dem Einzelnen seinen Lebensunterhalt in schwierigen Lebenssitua-tionen. Staatliche Hilfe wird allerdings nur dann **unterstützend (subsidiär)** oder **ersatzweise** gewährt, wenn die Kräfte des Einzelnen oder dessen privaten Umfeldes nicht ausreichen, seine Notlage selbst zu lösen. Vorrang hat immer die **Hilfe zur Selbsthilfe (Subsidiaritätsprinzip).**

---

1 Ludwig Erhard, der erste Wirtschaftsminister der Bundesrepublik Deutschland, verwendete den Begriff der „sozialen Marktwirt-schaft", als er nach 1948 die Marktwirtschaft in der Bundesrepublik einführte und damit die Zwangswirtschaft der ersten Nachkriegs-jahre ablöste. Der Begriff „soziale Marktwirtschaft" selbst stammt von seinem Mitarbeiter, dem Staatssekretär Alfred Müller-Armack.

- Der **Antrieb** zur **Selbstverantwortung** und **-versorgung** des Einzelnen soll **nicht zerstört** werden.

Beispiel: Arbeitslosengeld II

Die Zahlungen werden gekürzt bzw. eingestellt, wenn der Antragsteller über eigenes, bestimmte Freibeträge übersteigendes Vermögen verfügt. Des Weiteren werden bei der Berechnung der vom Staat zu zahlenden Leistungen auch Einkommen von Personen berücksichtigt, die mit dem Antragsteller in einer Bedarfsgemeinschaft leben.

Außerdem werden die Leistungen gekürzt, wenn der Leistungsempfänger zumutbare Arbeit ablehnt bzw. an ihm angebotenen Qualifizierungsmaßnahmen für den Arbeitsmarkt nicht teilnimmt.

(2) Grundsätze Gewerbe-, Vertrags- und Konsumfreiheit [Art. 2 GG] und deren Begrenzung

- Zum Schutze des Verbrauchers, der Nachbarschaft und der Allgemeinheit ist die **Gewerbefreiheit eingeschränkt.** So ist u. a. für erlaubnispflichtige Gewerbe eine behördliche Zulassung erforderlich. Beispiele: Handel mit frei verkäuflichen Arzneimitteln, Handel mit Waffen und Munition, Automatenaufstellung, Betrieb von Schank- und Speisewirtschaften.
- **Gefährliche Anlagen** und **bestimmte Gewerbezweige** werden staatlich überwacht. Hierzu zählen z. B. Braunkohlekraftwerke, Gasturbinenanlagen, Windkraftanlagen, Anlagen zur Herstellung von Arzneimitteln, Pflanzenschutzmittel, Mineralölraffinerien.
- Zum Schutz der Umwelt wird die Gewerbefreiheit durch **Umweltgesetze** eingeschränkt.

Beispiele für umweltschutzrechtliche Vorschriften:

Schutzbereich	Umweltschutzgesetze	Sanktionen[1]
Luftreinhaltung Lärm-bekämpfung	Gesetz zum Schutz vor schädlichen Umwelteinwirkungen durch Luftverunreinigungen, Geräusche, Erschütterungen und ähnliche Vorgänge [Bundes-Immissionsschutzgesetz – BImSchG][2]	- Betriebsverbot - Freiheits- oder Geldstrafen
Schutz vor gefährlichen Stoffen	Gesetz zum Schutz vor gefährlichen Stoffen [Chemikaliengesetz – ChemG]	- Verbot der Inverkehrbringung - Freiheits- oder Geldstrafen

- Die **Vertragsfreiheit** wird dort **begrenzt,** wo die Rechte anderer verletzt werden.
  - Wucherische und sittenwidrige Rechtsgeschäfte (z. B. überhöhte Zinsforderungen, Kauf von Rauschgift und Drogen) sind verboten.
  - Umfangreiche Arbeitsschutzrechte schützen den einzelnen Arbeitnehmer (z. B. Kündigungsschutzgesetz, Jugendarbeitsschutzgesetz, Arbeitsschutzgesetze).
- Die **Konsumfreiheit** ist in manchen Branchen **eingeengt.** So dürfen bestimmte Arzneimittel von den Apotheken nur gegen ärztliches Rezept abgegeben werden.

---

1 **Sanktionen** (lat.): wörtl. Vergeltung, mit positiven oder negativen Folgen antworten.

2 **Immission** (lat.): Einleitung von Schadstoffen; das Einwirken von Luftverunreinigungen, Schadstoffen, Lärm, Strahlen u. Ä. auf Menschen, Tiere und Pflanzen.

(3) Berufsfreiheit [Art. 12 GG] und deren Begrenzung

- In der sozialen Marktwirtschaft besteht das Recht auf **freie Wahl des Berufs,** des Arbeitsplatzes und der Ausbildungsstätte.[1]
- Das Recht auf freie Berufs-, Arbeitsplatz- und Ausbildungsstättenwahl ist dort begrenzt, wo es an Arbeits- und Ausbildungsplätzen fehlt. Ein **gerichtlich durchsetzbares „Recht auf Arbeit"** gibt es nach dem Grundgesetz **nicht.**
- Die Aussage des Art. 12 GG stellt eine Aufforderung an den Staat dar, dafür Sorge zu tragen, dass **genügend Arbeits- und Ausbildungsplätze** zur Verfügung stehen.

(4) Eigentum, Erbrecht [Art. 14 GG] und deren Begrenzung

- Das Eigentumsrecht umfasst das **Privateigentum** an **Konsumgütern** (z. B. Kleidung, Privatauto, Eigenheim, Eigentumswohnung), **Produktionsmitteln** sowie **Grund und Boden.**
- Das Grundgesetz gewährt dem Gesetzgeber jedoch weitgehende Eingriffsrechte in das Privateigentum. Einmal soll das Eigentum dem Wohle der Allgemeinheit dienen (**„soziale Bindung des Eigentums"),** zum anderen ist eine **Enteignung ausdrücklich erlaubt.** Produktionsmittel, Grund und Boden und Naturschätze können verstaatlicht werden [Art. 15 GG].

(5) Gleichheit vor dem Gesetz [Art. 3 GG]

Verlangt wird eine **Gleichbehandlung** in **vergleichbaren Fällen.** Beispiele hierfür sind:

- **Gleicher Lohn** für **gleiche Arbeit,** d. h. also auch zwischen Mann und Frau oder zwischen In- und Ausländern.
- Gleiche Bildungs- und Berufschancen für alle (**„Chancengleichheit").**
  Maßnahmen zur Verwirklichung des Ziels der Chancengleichheit sind z. B. Bereitstellung von Mitteln zum Ausbau von Schulen, betrieblichen Ausbildungsstätten und Hochschulen; Maßnahmen zur Umschulung und Weiterbildung Erwachsener; Ausbildungsförderung für Schüler und Studenten nach dem Bundesausbildungsförderungsgesetz [BAföG].

2.3 Regulierungen durch Staatseingriffe

2.3.1 Sozialpolitik

Sozialpolitik umfasst alle Maßnahmen, die darauf abzielen, die **Chancengleichheit** zwischen den verschiedenen sozialen Gruppen anzugleichen sowie die **Absicherung der Lebensbedingungen** der Bevölkerung zu verbessern.

Im Wesentlichen verfolgt die Sozialpolitik zwei Ziele:

- **soziale Gerechtigkeit** und
- **soziale Sicherheit.**

---

1 Die Berufsausbildung wird im Regelfall durch Gesetz geregelt.
   Beispiele: Ärzte und Apotheker benötigen die Approbation (vom Staat verliehenes Recht zur Berufsausübung). Bei Handwerkern ist (noch) in vielen Fällen die Meisterprüfung (der „große Befähigungsnachweis") erforderlich, wenn sie z. B. Auszubildende beschäftigen, Lehrer, die zwei staatliche Prüfungen bestehen müssen.

(1) Soziale Gerechtigkeit

Ziele der Forderung nach sozialer Gerechtigkeit sind

- für alle sozialen Gruppen, die gleichen Chancen zu schaffen, damit sie ihre **Leistungsfähigkeit** entwickeln und Leistungen hervorbringen können (z. B. durch Fördermaßnahmen zur Berufsausbildung).
- **menschenunwürdige** und **gesundheitsschädigende** Arbeitsbedingungen zu **verhindern** (z. B. durch Arbeitsschutzbestimmungen wie Arbeitszeit- und Mutterschutzgesetz, Schwerbehindertenrecht, Kündigungsschutz).

Was soziale Gerechtigkeit bedeutet

So viel Prozent der Bundesbürger stimmten folgenden Antworten auf die Frage „Was ist soziale Gerechtigkeit?" zu

Alle Kinder haben die gleichen Chancen auf eine gute Schulbildung — 90

Bei politischen Entscheidungen wird keine Generation bevorzugt oder benachteiligt — 59

Der Staat sorgt für eine Grundsicherung, damit niemand in Not gerät — 77

Der Staat muss durch Steuern dafür sorgen, dass die Einkommensunterschiede in der Gesellschaft nicht größer werden — 53

Wer mehr leistet, soll auch mehr verdienen als derjenige, der weniger leistet — 70

Befragung von 1.847 Bundesbürgern ab 16 Jahren im Dezember 2012
Quelle: Institut für Demoskopie Allensbach, Institut der deutschen Wirtschaft Köln

Quelle: iw-dienst Nr. 39, 26.09.2013.

- allen gesellschaftlichen Gruppen die Möglichkeiten verschaffen, an allen wichtigen Gesellschaftsbereichen **aktiv** teilzunehmen (z. B. durch barrierefreie Verkehrsmittel und öffentliche Gebäude für Behinderte).
- Hilfen für **sozial Schwache** anzubieten (z. B. durch Bau sozialer Wohnungen, Wohngeld).

(2) Soziale Sicherheit

Ziel der sozialen Sicherheit ist, den Einzelnen in Notlagen, die er aus eigener Kraft nicht bewältigen kann, zu unterstützen (z. B. bei Krankheit, Unfall, Pflegebedürftigkeit, Arbeitslosigkeit). Darüber hinaus wird angestrebt, dem Eintreten von Notlagen möglichst vorzubeugen.

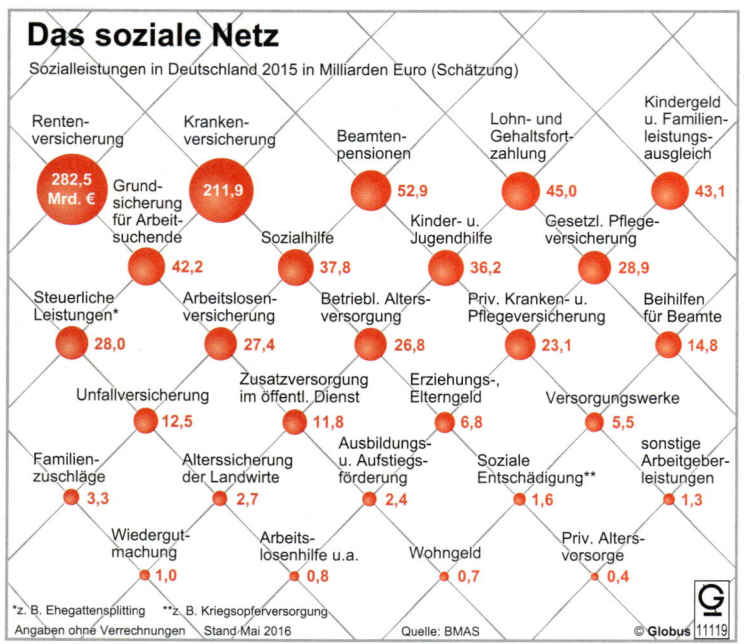

Das soziale Netz

Sozialleistungen in Deutschland 2015 in Milliarden Euro (Schätzung)

Rentenversicherung — 282,5 Mrd. €

Krankenversicherung — 211,9

Beamtenpensionen — 52,9

Lohn- und Gehaltsfortzahlung — 45,0

Kindergeld u. Familienleistungsausgleich — 43,1

Grundsicherung für Arbeitsuchende — 42,2

Sozialhilfe — 37,8

Kinder- u. Jugendhilfe — 36,2

Gesetzl. Pflegeversicherung — 28,9

Steuerliche Leistungen* — 28,0

Arbeitslosenversicherung — 27,4

Betriebl. Altersversorgung — 26,8

Priv. Kranken- u. Pflegeversicherung — 23,1

Beihilfen für Beamte — 14,8

Unfallversicherung — 12,5

Zusatzversorgung im öffentl. Dienst — 11,8

Erziehungs-, Elterngeld — 6,8

Versorgungswerke — 5,5

Familienzuschläge — 3,3

Alterssicherung der Landwirte — 2,7

Ausbildungs- u. Aufstiegsförderung — 2,4

Soziale Entschädigung** — 1,6

sonstige Arbeitgeberleistungen — 1,3

Wiedergutmachung — 1,0

Arbeitslosenhilfe u.a. — 0,8

Wohngeld — 0,7

Priv. Altersvorsorge — 0,4

*z. B. Ehegattensplitting   **z. B. Kriegsopferversorgung
Angaben ohne Verrechnungen   Stand Mai 2016   Quelle: BMAS   © Globus 11119

2.3.2 Einkommenspolitik

Die **Einkommenspolitik** ist darauf gerichtet, starke Einkommens- und Vermögens-unterschiede auszugleichen.

Eine gerechtere Einkommens- und Vermögensverteilung wird vor allem erreicht durch:

- **Einkommensteuer.** Die Steuertarife steigen nach einem unversteuerten Grundfreibetrag bei zunehmender Einkommenshöhe progressiv[1] an.
- **Sozialversicherungsbeiträge.** Die Beiträge zur Sozialversicherung sind (bis zur jeweiligen Beitragsbemessungsgrenze) einkommensabhängig. Wer mehr Einkommen bezieht, zahlt einen höheren Sozialversicherungsbeitrag.
- **Transferzahlungen.** Dies sind Zuwendungen (Geldzahlungen oder Güterleistungen), die der Staat an private Haushalte leistet. Hierzu zählen z.B. Kinder-, Eltern-, Wohngeld, Förderung der Vermögensbildung, Erwerbsminderungsrente usw. Transferleistungen werden aus Steuern, Sozialversicherungsbeiträgen oder staatlicher Kreditaufnahme bezahlt. Transferzahlungen sind eine staatliche Einkommens- und Vermögensverteilung.

2.3.3 Wettbewerbspolitik

Wettbewerb ist die Grundlage der sozialen Marktwirtschaft. Ohne Wettbewerb kann der Preis seine für die Steuerung des Wirtschaftsprozesses unerlässlichen Funktionen nicht erfüllen.

Da die Unternehmen, vor allem bei wirtschaftlichen Schwierigkeiten, bestrebt sind, den freien Wettbewerb auszuschalten, indem sie

- wettbewerbsbeschränkende Vereinbarungen **(Kartelle)** treffen,
- **Unternehmenszusammenschlüsse (Fusionen)** bilden und
- ihre **marktbeherrschende Stellung missbräuchlich ausnutzen,** um Konkurrenten aus dem Markt zu drängen (z.B. durch Liefer- und Bezugssperren),

muss der Staat den Wettbewerb durch eine **aktive Wettbewerbspolitik** sichern.

Das **zentrale Ziel** der Wettbewerbspolitik ist, ein **wettbewerbliches Verhalten** der Anbieter auf den Märkten **sicherzustellen.**

Rechtliche Grundlage der Wirtschaftspolitik in der Bundesrepublik Deutschland ist das „**Gesetz gegen Wettbewerbsbeschränkungen"** [GWB].[2] Durch dieses Gesetz überwacht bzw. verbietet der Staat Unternehmenszusammenschlüsse. Zudem kontrolliert er die Preisgestaltung marktbeherrschender Unternehmen.

---

1 **Progressiv:** fortschreitend, sich allmählich steigernd.
2 Vgl. Kapitel 4.5, S. 42 ff.

2.3.4 Umweltpolitik

Umweltpolitik umfasst alle Maßnahmen zur **Erhaltung** und **Verbesserung** der **natürlichen Lebenswelt** der Menschen.

Der Umweltpolitik liegen im Wesentlichen vier Prinzipien zugrunde:

Verursacherprinzip	Dem Verursacherprinzip folgend müssen die Kosten für die Vermeidung oder Beseitigung der Umweltbelastung demjenigen zugerechnet werden, der für die Entstehung dieser Belastung verantwortlich ist. Durch diese Zurechnung der Kosten werden umweltbelastende Güter nicht mehr mit zu niedrigen Preisen kalkuliert und angeboten. Steigt also deren Preis, kommen weniger von diesen Gütern in den Verkehr.
Gemeinlasten-prinzip	Kann der Verursacher der Umweltbelastung nicht ausgemacht werden oder ist schnelles Handeln erforderlich, da Gefahren für Leib und Leben bestehen, so ist staatliches Handeln notwendig, d.h., die Gemeinschaft muss für die Beseitigung der Umweltschäden aufkommen.
Vorsorgeprinzip	Der Kern dieses Prinzips besteht darin, dass es im Rahmen der Umweltpolitik nicht nur um die Beseitigung von Umweltschäden gehen darf, sondern dass vielmehr Umweltbelastungen im Vorfeld zu vermeiden sind (z.B. Verbot von bestimmten Pflanzenschutzmitteln).
Kooperations-prinzip	Der Umweltschutz ist eine gemeinsame Aufgabe von Bürgern und Staat. Dies erfordert, dass die Bürger, z.B. über Verbände, bei der Formulierung und Durchsetzung umweltpolitischer Ziele beteiligt werden.

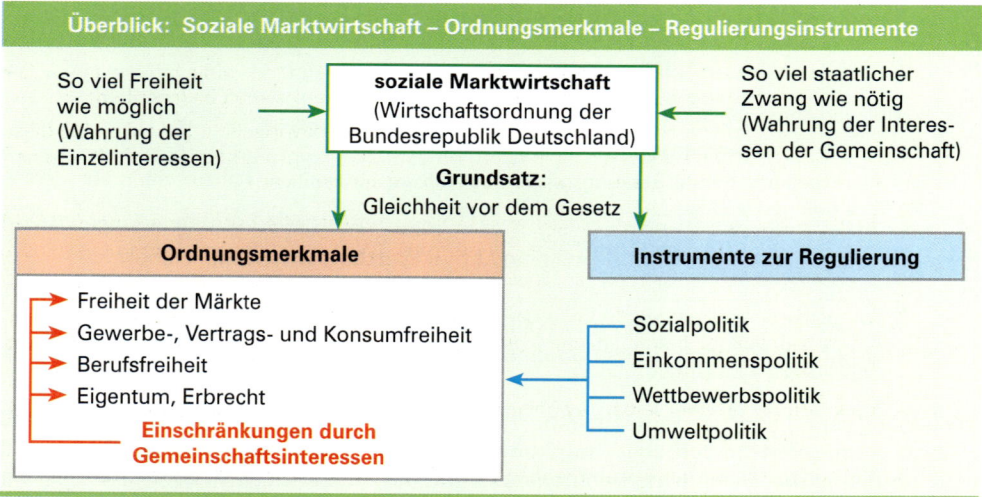

Kompetenztraining

2

1. Nennen Sie fünf wesentliche Ordnungsmerkmale der sozialen Marktwirtschaft!
2. Erklären Sie anhand von Beispielen, wie in der sozialen Marktwirtschaft
   2.1 die Vertragsfreiheit und
   2.2 die Gewerbefreiheit
   eingeschränkt werden!

3. Zeigen Sie auf, wie unser Staat versucht, Auswüchse in der Wirtschaft zu vermeiden und seiner sozialen Verpflichtung gerecht zu werden! (4 Beispiele!)

4. Entscheiden Sie, ob die folgenden Regelungen des Staates mit den Prinzipien der sozialen Marktwirtschaft vereinbar sind!

   4.1 Das Steuersystem wird so geordnet, dass jeder Steuerpflichtige über das gleiche Nettoeinkommen verfügen kann.

   4.2 Jeder Einwohner erhält das Recht, in Notfällen seinen Anspruch auf Unterstützung durch den Staat gerichtlich einklagen zu können.

   4.3 Der Staat erhält das Recht, zum Wohle der Allgemeinheit Enteignungen gegen Entschädigung vornehmen zu dürfen.

   4.4 Zur Erhaltung von 40 000 Arbeitsplätzen räumt der Staat dem Unternehmen X auf Dauer eine Ermäßigung der Umsatz- und Gewerbesteuer ein.

   4.5 Zur Ankurbelung der Konjunktur gewährt der Staat Subventionen, die innerhalb eines bestimmten Zeitraums durchgeführt werden.

   4.6 Der Staat verbietet durch Gesetz den Zusammenschluss von Unternehmen, wenn diese dadurch eine Marktbeherrschung erreichen wollen.

   4.7 Der Staat zahlt Unternehmen einer Branche Zinszuschüsse für Anpassungsinvestitionen, die durch den technischen Fortschritt notwendig wurden, obwohl die Unternehmensleitungen diese Anpassungen in der Vergangenheit fahrlässig unterlassen haben.

   4.8 Der Staat gewährt nach sozialen Gesichtspunkten gestaffelte Prämien für Arbeitnehmer, die einen Teil ihres Einkommens vermögenswirksam anlegen.

   4.9 Der Staat schreibt Preise für Grundnahrungsmittel und Mietwohnungen vor.

   4.10 Der Staat zahlt Umschulungsbeihilfen für Arbeitnehmer, die ihre Arbeitsplätze infolge technologischer Entwicklungen verloren haben.

3 1. 1.1 Grenzen Sie die soziale Marktwirtschaft von der freien Marktwirtschaft ab, indem Sie zwei wesentliche Grundprinzipien der sozialen Marktwirtschaft beschreiben!

   1.2 Stellen Sie mögliche Zielkonflikte in der sozialen Marktwirtschaft dar! Leiten Sie diese aus dem Spannungsverhältnis zwischen dem Ziel der größtmöglichen Freiheit einerseits und dem Ziel des sozialen Ausgleichs andererseits ab!

2. Erklären Sie, welche Zielsetzung das Gesetz gegen Wettbewerbsbeschränkungen (GWB) hat! Recherchieren Sie einige Gründe, warum das GWB Unternehmenszusammenschlüsse nicht aufhalten konnte!

3. Erläutern Sie, warum der Staat in der sozialen Marktwirtschaft dazu aufgerufen ist, Wettbewerbspolitik zu betreiben und nennen Sie die Ziele, die der Staat mit seiner Wettbewerbspolitik verfolgt!

4. Erläutern Sie an zwei selbst gewählten Beispielen, warum die Messung von Umweltschäden schwierig ist!

5. Recherchieren Sie den Zusammenhang zwischen Luft-, Wasser- und Bodenverunreinigung an einem Beispiel!

6. Recherchieren Sie, warum in der sozialen Marktwirtschaft eine Einkommensumverteilung für nötig gehalten wird!

7. Nennen Sie drei Maßnahmen im Rahmen der Einkommensumverteilung!

8. Erläutern Sie, warum der Einkommensteuertarif eine Umverteilungswirkung hat!

3 Besonderheiten der verschiedenen Marktformen unterscheiden und im Hinblick auf ihre strategische Ausrichtung beurteilen

Lernsituation 3:

Der 18-jährige Schüler Max Schlaumeier verdient sich gerne ein wenig Geld zusätzlich. Da Max schon recht früh in seinem Leben für sich erkannt hat, dass er gerne „sein eigenes Ding macht", kam für ihn kein normaler Job infrage, sodass er sich vor drei Monaten selbstständig machte. Zu diesem Zweck hat er gemeinsam mit seinem Vater den Kleinwohnwagen des Großvaters zu einem schönen „Marktstand" umgebaut und mit tollen Graffitis versehen. Mit dem mobilen Verkaufsstand fährt er dann zu verschiedenen Festen in der näheren Umgebung seines Wohnortes, um frisch zubereitete Crêpes zu verkaufen.

Zurzeit überlegt Max, ob er seinen Crêpestand für das eintägige Stadtfest seines Wohnortes am Sonntag anmelden soll, an dem vielfältige Marktstände die Einkaufspassage bereichern und zudem alle örtlichen Geschäfte geöffnet haben. Nach Auskunft der Organisatoren dieses Festes müsste er für den Stand eine Tagesgebühr von 150,00 EUR entrichten. Max verkauft die Crêpes zurzeit mit drei verschiedenen Belägen. Nach seiner Berechnung betragen die Kosten pro Crêpe inklusive Crêpetüte und

Serviette unabhängig vom Belag ca. 1,00 EUR. Den Verkaufspreis hat Max seit Beginn seiner Geschäftstätigkeit auf 2,50 EUR festgelegt.

Kompetenzorientierte Arbeitsaufträge:

1. Angenommen, Sie wollen bei herrlichem Sonnenschein dieses Stadtfest besuchen. Bestimmen Sie, welche Faktoren konkret Ihr Einkaufsverhalten an den einzelnen Ständen bzw. in den Geschäften beeinflussen!

2. Erläutern Sie beispielhaft, wie sich Preisänderungen auf Ihr Nachfrageverhalten auswirken!

3. Angenommen, Crêpes zählen zu Ihren absoluten Lieblingsspeisen. Kurz bevor Sie den Marktstand von Max erreichen, sehen Sie, wie er den Preis pro Crêpe um 1,00 EUR erhöht. Welche Auswirkung hat diese Preiserhöhung auf Ihre Kaufentscheidung, wenn es keinen anderen Crêpestand gibt und Sie über ausreichend Taschengeld verfügen? Wie würde Ihre Entscheidung ausfallen, wenn Crêpes nicht Ihre einzige Lieblingsspeise wäre?

4. Erläutern Sie, wie Sie sich verhalten würden, wenn es weitere Crêpestände auf dem Markt geben würde und Sie unbedingt Crêpes essen möchten!

5. Diskutieren Sie, welche Auswirkungen es auf die Preisgestaltung von Max hat, ob es Konkurrenzanbieter gibt oder nicht!

6. Angenommen, Max hätte mit einem Verkaufspreis von 2,00 EUR kalkuliert. Nunmehr stellt er aber fest, dass die beiden anderen Crêpesanbieter 2,50 EUR pro Crêpe nehmen. Erläutern Sie kurz, welche Auswirkungen sich für Max ergeben, wenn er sich den anderen Anbietern anpassen möchte!

7. Aus den Erfahrungen der Vergangenheit heraus ist Ihnen bei Crêpes ein Preis von 4,00 EUR in Erinnerung. Erläutern Sie, was konkret die in Aufgabe 6 formulierte preisliche Ausgangssituation für Sie bedeutet!!

3.1 Besonderheiten der verschiedenen Marktformen unterscheiden

3.1.1 Begriff Markt

> Wirtschaftlich betrachtet ist der **Markt** der Ort, an dem Angebot und Nachfrage aufeinandertreffen.

Der Markt hat die Aufgabe, über die **Preisbildung** einen Ausgleich zwischen den angebotenen und den nachgefragten Waren zu schaffen. Bestimmt wird der Preis durch den **Wettbewerb der Anbieter** und dem **Verhalten der Nachfrager.**

> Der **Preis** ist der in Geld ausgedrückte **Tauschwert** einer Ware.

Anbieter versuchen auf dem Markt ihre Güter abzusetzen. Dabei streben sie nach Gewinnmaximierung.	**M A R K T**	Nachfrager versuchen auf dem Markt ihre Nachfragepläne zu verwirklichen. Sie streben nach Nutzenmaximierung.

3.1.2 Marktformen

In einer Volkswirtschaft gibt es nicht nur einen Markt, sondern eine **Vielzahl** von Märkten, die sich nach verschiedenen Kriterien untergliedern. Im Folgenden beschränken wir uns auf zwei Gliederungskriterien: die Gliederung des Marktes **nach dem Vollkommenheitsgrad** und nach der **Anzahl der Anbieter und Nachfrager.**

(1) Gliederung des Marktes nach dem Vollkommenheitsgrad

■ **Vollkommener Markt**

Voraussetzung dafür, dass ein Gleichgewichtspreis (Einheitspreis) entstehen kann, ist, dass ein **vollkommener Markt** vorliegt. Dies ist der Fall, wenn auf dem Markt folgende **Voraussetzungen (Prämissen)** gegeben sind:

Voraussetzungen	Beispiele
Die auf dem Markt gehandelten **Güter** müssen **vollkommen gleichartig** (homogen) sein.	Banknoten, Aktien einer bestimmten Aktiengesellschaft, Edelmetalle, Baumwolle eines bestimmten Standards, Benzin einer bestimmten Oktanzahl.

Voraussetzungen	Beispiele
Angebot und Nachfrage müssen gleichzeitig an einem bestimmten Ort aufeinandertreffen **(Punktmarkt)**.	Nur die an einem bestimmten Tag bei einem Börsenmakler zusammenlaufenden Kauf- und Verkaufsaufträge bestimmen den Kurs (den Preis) des Tages.
Anbieter und Nachfrager müssen eine **vollständige Marktübersicht (Markttransparenz)** besitzen.	■ Ein Verbraucher hat dann eine vollständige Marktübersicht, wenn er die Preise und Qualitäten aller angebotenen Waren kennt. ■ Ein Anbieter besitzt dann eine vollkommene Markttransparenz, wenn ihm die Kaufabsichten aller Kunden bekannt sind.
Anbieter und Nachfrager müssen **sofort** auf Änderungen der Marktsituation **reagieren können**.	■ Der Käufer einer Aktie hat jederzeit die Möglichkeit, sich telefonisch an der Börse über den Stand der Nachfrage, des Angebots und der Kurse zu informieren (Markttransparenz). ■ Zugleich hat er die Möglichkeit, z. B. bei steigenden Kursen mehr anzubieten oder weniger nachzufragen (schnelle Reaktionsfähigkeit).
Käufer und Verkäufer dürfen sich nicht gegenseitig bevorzugen **(Abwesenheit von Präferenzen: Bevorzugungen)**.	■ Eine **sachliche Präferenz** liegt vor, wenn ein Käufer der Meinung ist, dass das Produkt des Herstellers A besser als das des Herstellers B ist, auch wenn beide Produkte objektiv gleich (homogen) sind. ■ Eine **zeitliche Präferenz** ist gegeben, wenn z. B. ein Käufer den Lieferer A bevorzugt, weil dieser schneller liefern kann. ■ Von **räumlicher Präferenz** spricht man z. B., wenn die räumliche Nähe des Marktpartners zu Bevorzugungen führt. ■ **Persönliche Präferenzen** bestehen z. B. dann, wenn ein Kunde ein Produkt oder eine Dienstleistung aufgrund einer besonders freundlichen Bedienung bevorzugt.

■ **Unvollkommener Markt**

 Fehlt nur **eine** der genannten Bedingungen, spricht man von einem **unvollkommenen Markt**. Annähernd vollkommene Märkte sind die Ausnahme, unvollkommene Märkte sind die Regel.

Das **äußere Merkmal** des **unvollkommenen** Marktes ist, dass es für eine Güterart **unterschiedliche Preise** gibt, während es auf dem **vollkommenen** Markt nur **einen einheitlichen** Preis (Gleichgewichtspreis) geben kann.

(2) Gliederung des Marktes nach der Anzahl der Anbieter und Nachfrager

Polypolistische Märkte[1]	Vollständige Konkurrenz, d.h., unzählige Anbieter und Nachfrager treten auf dem Markt auf.
Oligopolistische Märkte[2]	Märkte, bei denen auf einer und/oder beiden Marktseiten wenige Konkurrenten vorhanden sind.
Monopolistische Märkte[3]	Märkte, bei denen sich auf einer und/oder beiden Marktseiten nur ein Marktbeteiligter befindet.

Die einzelnen Märkte lassen sich nach der **Anzahl** der jeweiligen **Marktteilnehmer** untergliedern. Strukturiert man die Anzahl der Anbieter und Nachfrager auf einem Markt in **quantitativer** Hinsicht in die Kategorien „einer", „wenige" und „viele", so erhält man folgendes Grundschema mit insgesamt **neun** verschiedenen **Marktformen**.

Zahl der Anbieter \ Zahl der Nachfrager	einer	wenige	viele
einer	zweiseitiges Monopol	Angebotsmonopol mit oligopolistischer Nachfrage	Angebotsmonopol
wenige	Nachfragemonopol mit oligopolistischem Angebot	zweiseitiges Oligopol	Angebotsoligopol
viele	Nachfragemonopol	Nachfrageoligopol	vollständige (polypolistische) Konkurrenz

vollkommene Märkte   unvollkommene Märkte

Aufgrund dieser Matrixdarstellung erhält man 9 verschiedene Marktformen. Beachtet man, dass (theoretisch) **jede** Marktform **vollkommen** oder **unvollkommen** sein kann, ergeben sich 18 Marktformen.

Aus dieser Untergliederung ergeben sich in erster Linie Konsequenzen für die Verteilung der **Marktmacht** zwischen Anbietern und Nachfragern.

Beispiel:

So dürfte die Marktmacht zwischen Anbietern und Nachfragern bei einem Angebotsmonopol anders verteilt sein als bei einem Nachfragemonopol. Während im ersten Fall die stärkere Verhandlungsposition wegen fehlender Alternativen für die Nachfrager aufseiten des Anbieters liegt **(Verkäufermarkt),** ist bei der zweiten Marktform der Nachfrager in der besseren Position **(Käufermarkt).** Diese ungleiche Verteilung von Marktmacht bleibt nicht ohne Folgen für den Preisbildungsprozess am Markt.

---

1 Die Vorsilbe **poly** ... bedeutet „viel", z.B. in „Polygamie" die Vielehe.

2 Die Vorsilbe **olig** ... bedeutet „wenig", z.B. in „Oligarchie" die Herrschaft weniger.

3 Die Vorsilbe **mono** ... bedeutet „ein", z.B. in „Monotonie" die Eintönigkeit.

3.2 Strategische Ausrichtung der verschiedenen Marktformen beurteilen

3.2.1 Auswirkungen der Marktformen auf Wirtschaft und Gesellschaft am Beispiel von Polypol, Angebotsoligopol und Angebotsmonopol erfassen

Polypol	<ul><li>**Unzählige Anbieter und Nachfrager** treten auf dem Markt auf. Das einzelne Unternehmen hat nur einen geringen Anteil am Gesamtangebot. Der einzelne Nachfrager hat nur einen geringen Anteil an der Gesamtnachfrage.</li><li>Aufgrund des geringen Anteils am Markt kann **kein Anbieter direkt Einfluss auf den Marktpreis** nehmen. Auch der Nachfrager vermag den Marktpreis nicht zu beeinflussen.</li><li>Der Nachfrager hat die Möglichkeit, Anbieter auszuwählen, die das **billigere Gut** anbieten.</li><li>Das Polypol sorgt für einen **intensiven Wettbewerb,** ohne dass einzelne Unternehmen eine besondere Marktmacht besitzen.</li><li>Grundsätzlich setzt das Polypol einen **vollkommenen Markt** voraus.</li></ul>
	Beispiele:
	Arbeitsmarkt, Wohnungsmarkt, Markt für Gebrauchtwagen.
Angebots-oligopol	<ul><li>**Wenigen Anbietern** steht eine **Vielzahl von Nachfragern** gegenüber. Einzelne Unternehmen haben einen hohen Marktanteil.</li><li>In einem Angebotsoligopol lassen sich in der Realität (Wirklichkeit) **zwei** verschiedene **Verhaltensweisen** der Anbieter beobachten:</li></ul>

1. Möglichkeit: „Preiskampf"	2. Möglichkeit: „Schlafmützenwettbewerb"
Senkt ein Anbieter die **Preise,** so kann er damit rechnen, dass er neue Kunden dazugewinnt und sein **Absatz steigt.** Um dies zu verhindern, müssen die übrigen Anbieter ebenfalls die Preise senken. Es kommt zu einem **Preiskampf** zwischen den wenigen Anbietern, wobei die **Nachfrager** von den sinkenden Preisen am Markt **profitieren** (z. B. Lebensmitteldiscounter).	Statt sich in einem Preiskampf gegenseitig die Kunden streitig zu machen, belassen die Anbieter die Preise auf einem bestimmten Niveau. Da **Preisabsprachen gesetzlich verboten** sind, lässt sich beobachten, dass nach der Preiserhöhung eines Anbieters **(„Preisführer"),** die übrigen Anbieter in kurzen Zeitabständen nachziehen (z. B. Mineralölanbieter). Die Folge ist, dass es zu **steigenden** Preisen kommt.

	Beispiele:
	Strom-, Mobilfunk-, Computer-, Flugzeugindustrie, Pay-TV-Anbieter.
Angebots-monopol	<ul><li>Einem **einzigen Anbieter** steht eine **Vielzahl von Nachfragern** gegenüber. Angebotsmonopole entstehen, wenn nur ein Unternehmen ein bestimmtes Produkt herstellt.</li><li>Der Anbieter kann **Preise und Mengen** bestimmen. Allerdings muss er darauf achten, dass er die Preise nicht zu hoch ansetzt, sonst geht die Kaufbereitschaft der Nachfrager zurück und er kann weniger verkaufen.</li></ul>
	Beispiele:
	Bestimmte Teile der Rüstungsindustrie, Pharmakonzern in Bezug auf ein durch Patent geschütztes Medikament, Trinkwasserversorgung.

3.2.2 Grafisch Gesamtangebot, Gesamtnachfrage und den Gleichgewichtspreis am Beispiel des vollkommenen Polypols ermitteln

3.2.2.1 Gesamtangebot

(1) Begriff Angebot und das Gesetz des Angebots

Angebote sind die auf dem Markt erscheinenden Verkaufswünsche.

Zwischen Preis und Angebotsmenge bestehen in der Regel folgende Beziehungen (**„Gesetz des Angebots"**):

Mit steigenden Absatzpreisen werden die Anbieter versuchen, ihr Angebot mengenmäßig auszuweiten, weil sie sich zusätzliche Gewinne versprechen. Bei sinkenden Preisen werden sie ihr Angebot verringern oder (längerfristig) ganz aus dem Markt nehmen, weil die Gewinne sinken oder Verluste entstehen.

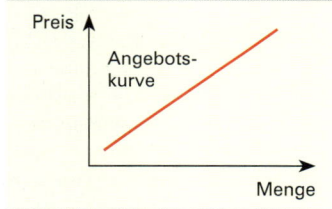

Daraus folgt: Die Anbieter sind bemüht, die Preise für ihre Ware möglichst hoch zu halten.

- Mit **steigendem Preis** eines Gutes **steigt** das Angebot für dieses Gut.
- Mit **sinkendem Preis** eines Gutes **sinkt** das Angebot für dieses Gut.

(2) Angebotsverschiebungen

Das Marktangebot für ein Gut verschiebt sich im Laufe der Zeit aus den verschiedensten Gründen. Nimmt z.B. die Zahl der Anbieter zu, nimmt auch das Angebot zu. Nimmt die Zahl der Anbieter ab, nimmt auch das Angebot ab, es sei denn, die Kapazitäten der Anbieter verändern sich.

Beispiel:	Beispiel:
Das Angebot an Smartphones nimmt aufgrund einer steigenden Anbieterzahl zu.	Das Angebot für Thunfisch nimmt aufgrund der Überfischung der Meere ab.

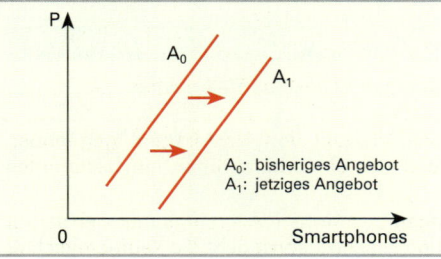 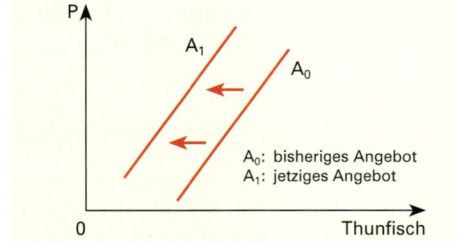

Angebotsverschiebungen treten z.B. ein, wenn

- die Anzahl der Anbieter steigt oder fällt,
- die Zukunftserwartungen der Anbieter positiv oder negativ sind,
- die Technologie sich grundlegend ändert.

- **Zunehmendes Angebot** bedeutet, dass bei gegebenen Preisen mehr angeboten wird: Die Angebotskurve verschiebt sich nach **„rechts"**.
- **Abnehmendes Angebot** bedeutet, dass bei gegebenen Preisen weniger angeboten wird: Die Angebotskurve verschiebt sich nach **„links"**.

3.2.2.2 Gesamtnachfrage

(1) Begriff Nachfrage und das Gesetz der Nachfrage

Nachfrage ist der auf dem Markt erscheinende Bedarf.[1]

Zwischen Preis und Nachfragemenge bestehen in der Regel folgende Beziehungen (**„Gesetz der Nachfrage"**):

- Mit **steigendem Preis** eines Gutes **sinkt** die Nachfrage nach diesem Gut.
- Mit **sinkendem Preis** eines Gutes **steigt** die Nachfrage nach diesem Gut.

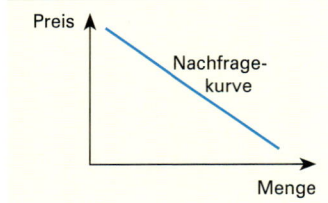

(2) Nachfrageverschiebungen

Eine Nachfragekurve gilt nur für einen bestimmten Zeitpunkt, denn in der Wirtschaft verändern sich die Nachfrageverhältnisse laufend, d. h., die Nachfragekurven **verschieben** sich.

Beispiel: Zunehmende Nachfrage nach Joggingschuhen
Durch neue Studien wird belegt, dass regelmäßiges Joggen schon bei zwei Stunden pro Woche die durchschnittliche Lebenserwartung um mehrere Jahre ansteigen lässt. Diese Erkenntnis wird über einen längeren Zeitraum in verschiedenen Medien sehr umfangreich thematisiert. Daraufhin nimmt die Nachfrage nach Joggingschuhen stark zu. Die Nachfragekurve verschiebt sich nach **„rechts"**.

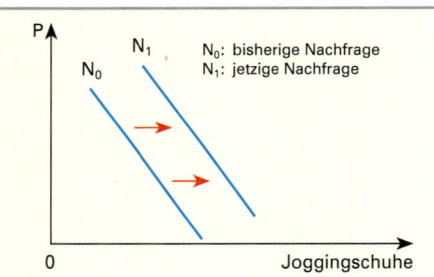

Beispiel: Abnehmende Nachfrage nach Zigaretten
Aufgrund der Antiraucherkampagne mag es sein, dass einige Haushalte das Rauchen ganz aufgeben bzw. einige Haushalte den Konsum senken. Die Nachfrage nach Zigaretten wird also bei gleichen Preisen und gleichbleibenden Einkommen insgesamt zurückgehen. Die Nachfragekurve verschiebt sich nach **„links"**.

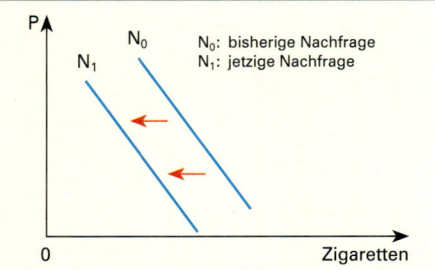

---

1 Die mit **Kaufkraft** versehenen Bedürfnisse bezeichnet man als **Bedarf**.
Unter **Bedürfnisse** versteht man ein **Mangelempfinden** der Menschen, das diese beheben möchten.

Nachfrageverschiebungen treten z. B. ein, wenn

- sich die Bedürfnisse ändern,
- die Preise anderer Güter steigen oder fallen,
- die Zahl der Nachfrager wächst oder schrumpft,
- die Einkommen steigen oder fallen.

- **Zunehmende Nachfrage** bedeutet, dass bei gegebenen Preisen mehr nachgefragt wird: Die Nachfragekurve verschiebt sich nach „**rechts**".
- **Abnehmende Nachfrage** bedeutet, dass bei gegebenen Preisen weniger nachgefragt wird: Die Nachfragekurve verschiebt sich nach „**links**".

3.2.2.3 Ermittlung des Gleichgewichtspreises bei einem vollkommenen Polypol

Treffen Angebot und Nachfrage auf einen Markt, auf dem es eine Vielzahl von Anbietern und Nachfragern gibt, so werden die Waren zu dem Preis gehandelt, bei dem die **meisten Waren** gekauft bzw. verkauft werden können. Diesen Preis bezeichnet man als **Gleichgewichtspreis**.

Beispiel:

Auf der Warenbörse[1] Hamburg wird die Getreidesorte „Weizen B-230" gehandelt.

Aufgabe:

Ermitteln Sie grafisch den Gleichgewichtspreis bei der nachfolgenden Nachfrage- und Angebotssituation!

Preis je Tonne (t) in EUR	Nachfrage in t	Angebot in t	umsetzbare Menge in t
210	25	5	5
211	20	10	10
212	15	15	15
213	10	20	10
214	5	25	5

Lösung:

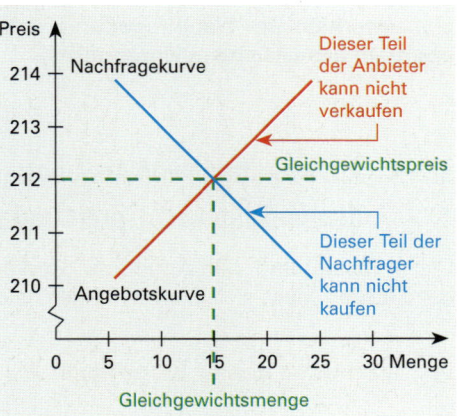

Erkenntnis:

- Alle **Nachfrager,** die nur einen **geringeren** Preis als den Gleichgewichtspreis zu zahlen bereit waren, können **nicht kaufen** und gehen leer aus (Nachfragekurve rechts unterhalb des Gleichgewichtspreises).
- Alle **Anbieter,** die einen **höheren** Preis als den Gleichgewichtspreis fordern (Angebotskurve rechts oberhalb des Gleichgewichtspreises), können **nicht verkaufen** und bleiben auf ihrem Angebot sitzen.

Der **Gleichgewichtspreis** bringt Angebot und Nachfrage zum Ausgleich, er „räumt den Markt"!

---

1 **Warenbörse** ist der Markt, auf dem vertretbare Waren nach Standardtypen (z. B. Markenbutter, Emmentaler 45 %, Brotroggen) gehandelt werden.

33

3 Boller, Speth, Hartmann - ISBN 978-3-8120-0530-2

3.2.2.4 Auswirkungen des Gleichgewichtspreises für Anbieter und Nachfrager

Anbieter, die einen **höheren Preis** als den Gleichgewichtspreis (Marktpreis) erzielen wollen, und **Nachfrager,** die nur einen **niedrigeren Preis** als den Gleichgewichtspreis bezahlen wollen, **gehen leer aus.**

> **Beispiel:**
>
> Im Beispiel auf S. 33 geht der Nachfrager, der nur 211,00 EUR zu zahlen bereit ist, leer aus. Gleiches gilt für den Anbieter, der nur zum Preis von 213,00 EUR verkaufen möchte.

Anbieter, die auch zu einem **niedrigeren Preis** als zu dem Gleichgewichtspreis verkaufen würden, erzielen einen zusätzlichen Gewinn, den man als **Anbieterrente (Produzentenrente)** bezeichnet (Fläche **oberhalb** der **Angebotskurve** und **unterhalb** des **Gleichgewichtspreises**).

> **Beispiel:**
>
> Im vorgegebenen Fall erzielen die Anbieter, die auch zu 210,00 EUR oder zu 211,00 EUR verkaufen würden, eine Anbieterrente. Sie erhalten am Markt einen um 2,00 EUR bzw. 1,00 EUR höheren Preis.

Käufer, die auch einen **höheren Preis** als den Gleichgewichtspreis zu zahlen gewillt wären, erzielen eine **Nachfragerrente (Konsumentenrente).** Sie stellt für die Nachfrager einen **Nutzengewinn** dar (Fläche **unterhalb** der **Nachfragekurve** und **oberhalb** des **Gleichgewichtspreises**).

> **Beispiel:**
>
> Im vorgegebenen Fall erzielen die Nachfrager, die auch zu 214,00 EUR oder zu 213,00 EUR kaufen würden, eine Nachfragerrente. Sie zahlen 2,00 EUR bzw. 1,00 EUR weniger, als sie zu zahlen bereit waren.

3.2.3 Auswirkungen von Angebots- und Nachfrageänderungen auf den Gleichgewichtspreis und die Gleichgewichtsmenge darstellen

Die Verschiebung der Angebots- und/oder der Nachfragekurven (siehe S. 31 ff.) kann dazu führen, dass sich der bisherige Gleichgewichtszustand verändert.

(1) Nachfrage nimmt bei gleicher Angebotsmenge zu

Nimmt die Nachfrage bei gleicher Angebotsmenge zu, so wollen mehr Nachfrager das Gut erwerben. Die Folge ist, dass der **Preis steigt.**

> **Beispiel:**
>
> **Steigt** die **Nachfrage** beim bisherigen Gleichgewichtspreis von 212,00 EUR (siehe S. 33) und einer Gleichgewichtsmenge von 15 t, verschiebt sich die Nachfragekurve nach **rechts.** Der **Preis erhöht** sich auf den neuen Gleichgewichtspreis und die **Gleichgewichtsmenge nimmt** ebenfalls **zu.**

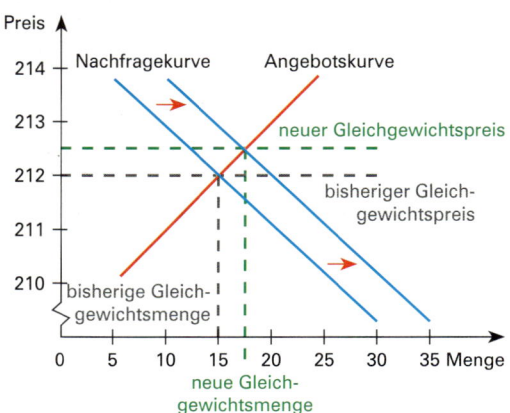

Wenn bei **gleicher Nachfrage** das **Angebot abnimmt** (Angebotskurve verschiebt sich nach links), **steigt** der **Preis** ebenfalls, die **Gleichgewichtsmenge** hingegen **nimmt ab.**

- Märkte, auf denen die Nachfragemenge (vorübergehend) größer ist als die Angebotsmenge (**Nachfrageüberschuss** bzw. **Angebotslücke**), werden als **Verkäufermärkte** bezeichnet.

- Die Anbieter (Verkäufer) haben eine **starke Stellung,** weil im Verhältnis zur Nachfrage zu wenig Güter angeboten werden.

(2) Angebot nimmt bei gleicher Nachfragemenge zu

Nimmt das Angebot bei gleicher Nachfragemenge zu, wollen mehr Anbieter das Gut verkaufen. Die Folge ist, dass der **Preis sinkt.**

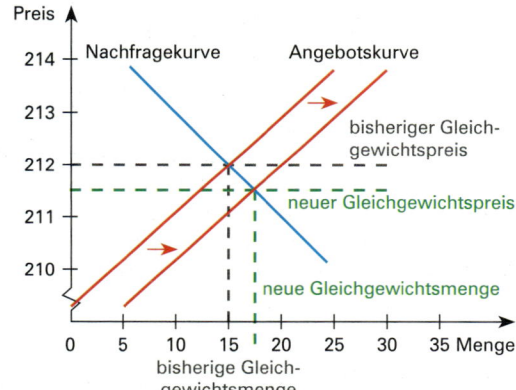

Beispiel:

Steigt das **Angebot** beim bisherigen Gleichgewichtspreis von 212,00 EUR (siehe S. 33) und einer Gleichgewichtsmenge von 15 t, verschiebt sich die Angebotskurve nach **rechts.** Der **Preis sinkt** auf den neuen Gleichgewichtspreis und die **Gleichgewichtsmenge nimmt zu.**

Wenn bei **gleichem Angebot** die **Nachfrage abnimmt** (Nachfragekurve verschiebt sich nach links), **sinkt** der **Preis** ebenfalls, die **Gleichgewichtsmenge** nimmt jedoch **ab.**

- Märkte, auf denen die Angebotsmenge (vorübergehend) größer ist als die Nachfragemenge (**Angebotsüberschuss** bzw. **Nachfragelücke**), heißen **Käufermärkte.**

- Die Nachfrager (Käufer) haben eine **starke Marktstellung,** weil im Verhältnis zur Nachfrage zu viel Güter angeboten werden.

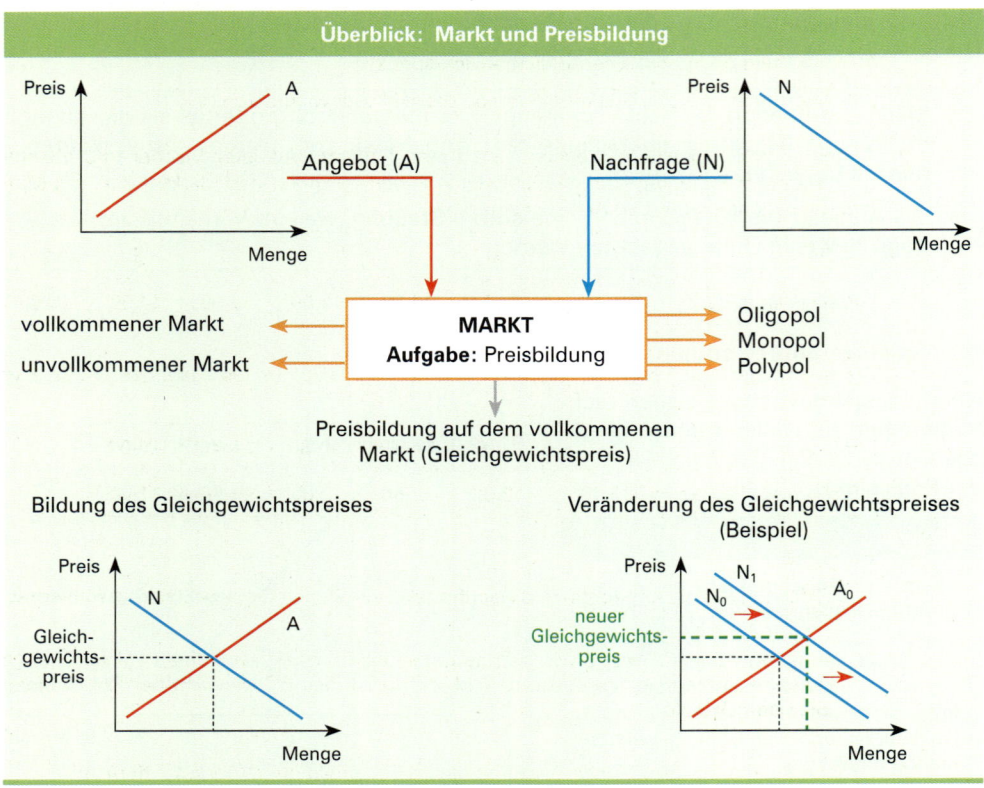

Kompetenztraining

4

1. Unterscheiden Sie die Begriffe

   1.1 vollkommener Markt – unvollkommener Markt;

   1.2 polypolistischer Markt – oligopolistischer Markt – monopolistischer Markt!

2. Nennen Sie die einzelnen Prämissen des vollkommenen Marktes und begründen Sie, warum die einzelnen Prämissen erfüllt sein müssen, wenn für ein Gut nur ein Gleichgewichtspreis (Einheitspreis) existieren soll!

3. Charakterisieren Sie das Wesen des vollkommenen polypolistischen Marktes und begründen Sie, warum das vollkommene Polypol einen theoretischen Grenzfall darstellt!

5

1. Auf einem Markt für Vitamine herrscht bezüglich einer bestimmten Vitaminart folgende Nachfrage- und Angebotssituation:

Preis der Vitaminart in EUR:	30,00	25,00	20,00	15,00	10,00	5,00
Nachgefragte Stücke in 100:	0	1	3	5	7	9
Angebotene Stücke in 100:	6,5	5,5	4,5	3,5	2,5	1,5

Lösungshinweis: Zeichnen Sie die Angebots- und Nachfragekurve je 5,00 EUR bzw. je 100 Stück ≙ 1 cm und bestimmen Sie den Gleichgewichtspreis und die zu diesem Preis umsetzbaren Stückzahlen!

Aufgaben:

1.1 Ermitteln Sie grafisch den Gleichgewichtspreis!

1.2 Begründen Sie das Zustandekommen des Gleichgewichtspreises!

2. Angenommen, auf einem Wochenmarkt treten folgende Anbieter frischer und absolut gleichwertiger Pfifferlinge auf, wobei jeder Anbieter 10 kg auf den Markt bringt. Die Mindestpreisvorstellungen der Anbieter sind:

Anbieter:	A	B	C	D	E	F
Preis je kg in EUR:	10,00	11,00	12,00	13,00	14,00	15,00

Als Nachfrager treten 50 Hausfrauen auf, die höchstens Folgendes ausgeben und je 1 kg kaufen wollen:

Hausfrauen:	1–10	11–20	21–30	31–40	41–50
Preisvorstellung je kg in EUR:	13,00	12,50	12,00	11,50	11,00

Aufgaben:

2.1 Zeichnen Sie die Angebots- und Nachfragekurve! Stellen Sie den Gleichgewichtspreis fest!

2.2 In diesem Beispiel haben wir zwar so getan, als ob es sich um einen vollkommenen polypolistischen Markt handle. In Wirklichkeit ist dies jedoch nicht der Fall. Nennen Sie dafür Gründe!

3. Ordnen Sie den nachfolgenden Begriffen die im Schaubild aufgeführten Ziffern zu!

a) Preis	
b) Menge	
c) Nachfragekurve	
d) Angebotskurve	
e) Angebotslücke	
f) Nachfragelücke	
g) Gleichgewichtspreis	
h) Gleichgewichtsmenge	
i) Anbieterrente	

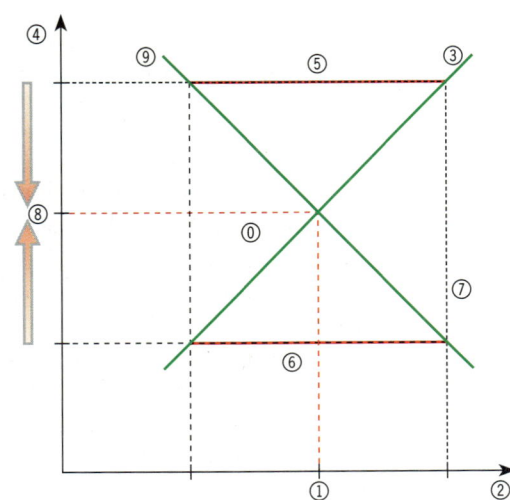

4. Die nachfolgende Tabelle zeigt die Veränderung von Angebot und Nachfrage bei einem vollkommenen Polypol.

Änderungen	Veränderung der Gleichgewichtsmenge	Veränderung des Gleichgewichtspreises
Zunahme der Nachfrage bei gleicher Angebotsmenge		
Abnahme der Nachfrage bei gleicher Angebotsmenge		
Zunahme des Angebots bei gleicher Nachfragemenge		
Abnahme des Angebots bei gleicher Nachfragemenge		

Aufgabe:
Übertragen Sie die Tabelle in Ihr Heft! Tragen Sie die jeweilige Veränderung der Gleichgewichtsmenge sowie die damit jeweils verbundene Veränderung des Gleichgewichtspreises in die Tabelle ein!

4 Formen und Ziele der Kooperation und Konzentration unterscheiden und deren Folgen für den Wettbewerb beurteilen

Lernsituation 4:

Lesen Sie zunächst den nachfolgenden Artikel!

Die verordnete Solidarität
Wettbewerb war selbst unter Zunftmitgliedern verboten – Verstöße dagegen wurden sogar mit dem Tod bestraft

Am 29. September 1615 zogen die Kölner Handwerker aus, ihren Lebensunterhalt zu verteidigen. Mit Äxten, Pickeln und Pferdewagen setzten Zimmerleute, Dachdecker und Maurer über den Rhein und marschierten unter dem Schutz von 500 Soldaten gegen die Festung Mülheim. Sie rissen die Festungsmauern ein, zerstörten Häuser und Gewerbebetriebe. In der zum Herzogtum Berg gehörenden „Freiheit" Mülheim hatte sich in den vergangenen Jahrzehnten eine für die stadtkölnischen Zunfthandwerker ruinöse Konkurrenz entwickelt.

All jene Protestanten und aufstrebenden Manufakturbetreiber, denen im katholischen Köln das Produzieren verboten war, wurden in Mülheim kostenlos in den Bürgerstand aufgenommen. Sie statteten ihre Betriebe mit modernen mechanischen Hilfsmitteln aus, deren Gebrauch den Zunftmeistern verboten war, und sie stellten zur Arbeit ein, wer arbeiten wollte und konnte – ohne Rücksicht auf Gesellenbrief und Zunftfähigkeit. Die dynamischen Mülheimer Unternehmer erdrückten das zünftige Handwerk auf der anderen Rheinseite. Sie nahmen ihm die Märkte und kauften ihm die Rohstoffe vor der Nase weg. Der Feldzug von 1615 hat den Siegeszug des freien Gewerbes allerdings nicht aufhalten können. [...]

Quelle: DIE ZEIT vom 05.12.1997.

Quelle: Gästeamt Wangen im Allgäu.

Kompetenzorientierte Arbeitsaufträge:

1. Nennen Sie kurz Gründe, die die Kölner Handwerker dazu bewegt haben, gegen die Festung Mülheim zu ziehen! Gehen Sie dabei insbesondere auf die im Text genannten Ursachen ein!

2. Erläutern Sie kurz, warum es im Rahmen der sozialen Marktwirtschaft eine wichtige Aufgabe des Staates ist, den Rahmen für einen funktionierenden Wettbewerb zu schaffen und zu erhalten.

3. Vielfach muss das Bundeskartellamt namhafte Unternehmen mit Strafen belegen, weil sie gegen geltendes Wettbewerbsrecht verstoßen, indem sie versuchen, den Wettbewerb auszuschalten.

   Recherchieren Sie hierzu aktuelle Fälle und präsentieren Sie die Ergebnisse Ihrer Recherche Ihren Mitschülern!

4.1 Begriffe Kooperation und Konzentration

In einer Marktwirtschaft stehen die Unternehmen in einem mehr oder weniger harten Wettbewerb um die Käufer ihrer Leistungen (Sachgüter und Dienstleistungen). Um den Konkurrenzdruck zu mildern, arbeiten (kooperieren) sie häufig mit anderen Unternehmen zusammen, wobei sich die Zusammenarbeit (die Kooperation) auf den verschiedensten Gebieten vollziehen kann, beispielsweise im Einkauf (z. B. gemeinsame Beschaffung), in der Produktion (z. B. Schaffung gemeinsamer Normen) oder im Absatz (z. B. Gemeinschaftswerbung).

- **Kooperation** (Unternehmenskooperation) ist jede Zusammenarbeit zwischen Unternehmen, wobei die einzelnen Kooperationsformen als **Unternehmenszusammenschlüsse** oder **Unternehmensverbindungen** bezeichnet werden.

- Unternehmenszusammenschlüsse können zur Machtzusammenballung („Monopolisierung") führen. Man spricht in diesem Fall von **Konzentration**.[1]

4.2 Ursachen für die Entstehung von Monopolen

Ein **Individualmonopol** (Einzelmonopol) entsteht z. B.

- aufgrund einer bahnbrechenden **Erfindung**, die eine besondere Marktstellung sichert;
- aufgrund des **Alleineigentums** an seltenen Rohstoffen;

---

1 **Konzentration** (griech., lat.): Zusammenballung wirtschaftlicher Macht.

- aufgrund der Tatsache, dass ein Unternehmen (z. B. durch geschickte Unternehmensführung) **schneller** wächst als seine Konkurrenten, sodass es diese schließlich aus dem Markt verdrängt (**unternehmensinternes**[1] **Wachstum**);
- aufgrund von **Aufkäufen** der Konkurrenzunternehmen mit dem Ziel, diese entweder in das eigene Unternehmen einzugliedern oder aufzulösen;
- aufgrund eines **Gesetzes,** das einem Unternehmen (das sich häufig vollständig oder teilweise in staatlichem Eigentum befindet) eine Monopolstellung verschafft und sichert („Staatsmonopol").

4.3   Ziele der Kooperation und Konzentration

Aus der Sicht der beteiligten Unternehmen sprechen z. B. folgende Gründe für die Konzentration:

Beschränkung des Wettbewerbs	Die Einschränkung der Konkurrenz ermöglicht es den monopolistischen Anbietern, ihre Preise so zu gestalten, dass Gewinne erzielt werden. Monopolistische Nachfrager können die Preise ihrer Zulieferer drücken, um ihre eigenen Gewinne zu erhöhen.
Beschaffungssicherung	Durch Verträge, Beteiligungen oder durch den Aufkauf von Zulieferbetrieben wird die Zulieferung von Rohstoffen und/oder Fertigteilen gesichert.
Absatzsicherung	Durch Verträge, Beteiligungen oder durch den Aufkauf von nachgelagerten Unternehmen lässt sich der Absatz der eigenen Erzeugnisse oder Waren sichern.
Absatzförderung	Der Absatz lässt sich z. B. durch gemeinsame Werbung, einheitliche Ausgestaltung von Verkaufsstätten sowie durch vereinheitlichte Qualität der angebotenen Produkte ausweiten.
Förderung der Forschung	Die Finanzierung kostspieliger Forschungsvorhaben wird erleichtert oder erst durch die gemeinsame Finanzierung (z. B. einer Forschungs-GmbH) ermöglicht.
Steigerung der Wirtschaftlichkeit	Durch Rationalisierungsmaßnahmen[2] wie z. B. Typisierung, Normung und Spezialisierung lässt sich die Wirtschaftlichkeit erhöhen.
Kapazitätsauslastung	Durch die Übernahme von Großaufträgen, die die Leistungskraft der einzelnen Unternehmen übersteigen würden, lässt sich die Beschäftigung der zusammenarbeitenden (kooperierenden) Unternehmen sichern. **Beispiele:** Mehrere europäische Unternehmen sind am Bau eines Flugzeugs beteiligt. – Mehrere Bauunternehmen erstellen in einer Arbeitsgemeinschaft ein Kraftwerk.
Sicherung der Konkurrenzfähigkeit auf dem Weltmarkt	Die Absatzsicherung auf den internationalen Märkten kann z. B. durch gemeinsame Rationalisierungsmaßnahmen mit dem Ziel der Kostensenkung, durch gemeinsame Werbung und/oder durch die Gründung gemeinsamer Absatzeinrichtungen (Absatzsyndikate)[3] geschehen.

---

1 **Intern** (lat.): inwendig, aus sich selbst entwickelnd.

2 **Rationalisierung** (lat.): vernünftig, kostengünstig gestalten. Ratio (lat.): Vernunft.

3 **Syndikat** (lat.): vom einzelnen Produzenten unabhängige Verkaufseinrichtung.

Ausschaltung der Konkurrenz	Das konkurrierende Unternehmen wird aufgekauft. Dessen Rechte (z.B. Patente), technisches Wissen (Know-how) und sein Ruf auf dem Markt (Firmenwert, Goodwill) gehen auf den Käufer über.
Gewinn- abschöpfung	Die Anteilsmehrheit an einem gutgehenden Unternehmen wird erworben, dessen Gewinne müssen dann an die „Muttergesellschaft" abgeführt werden.

4.4 Arten der Kooperation und Konzentration durch Unternehmenszusammenschlüsse

Unternehmenszusammenschlüsse (Unternehmensverbindungen) können auf **vertraglicher Basis** beruhen. Die Unternehmen bleiben dabei **rechtlich selbstständig, schränken** ihre **wirtschaftliche Selbstständigkeit** jedoch mehr oder weniger stark **ein.** Zu diesen sogenannten **Kooperationsformen** gehören z.B. Interessengemeinschaften, Arbeitsgemeinschaften, Konsortien,[1] Gemeinschaftsunternehmen („Joint Ventures")[2] und Kartelle.

> **Kartelle** sind **vertragliche** Zusammenschlüsse von **rechtlich selbstständig** bleibenden Unternehmen eines Wirtschaftszweigs, deren **wirtschaftliche Selbstständigkeit** im Hinblick auf das Ziel, Markt und Wettbewerb im Wege von Absprachen zu beeinflussen, mehr oder weniger stark **eingeschränkt** ist.

Unternehmenszusammenschlüsse, bei denen ein oder mehrere Partner ihre **wirtschaftliche** und/oder **rechtliche Selbstständigkeit** verlieren, bezeichnet das Aktiengesetz als **verbundene Unternehmen.** Zu ihnen gehören z.B. die Konzerne und die Trusts.

Verbundene Unternehmen und Trusts können vertikal, horizontal oder anorganisch sein.

Art	Erläuterung	Beispiele
Vertikaler Zusammenschluss	Ein solcher Zusammenschluss liegt vor, wenn sich Unternehmen verschiedener Produktionsstufen zusammenschließen.	Forstwirt – Sägewerk – Möbelfabrik – Möbelfachgeschäft.
Horizontaler Zusammenschluss	Hiervon spricht man, wenn es sich um Unternehmen der gleichen Branche handelt.	Bank – Bausparkasse – Versicherung.
Anorganischer Zusammenschluss	An diesem Zusammenschluss sind Unternehmen unterschiedlichster Branchen beteiligt.	Parfümerie – Brauerei – Lebensmittelfabrik – Maschinenhersteller.

---

1 Das Wort Konsortium (Mehrzahl: Konsortien) hängt mit dem lateinischen Wort Konsorte (Genosse, Mitglied) zusammen. Ein **Konsortium** ist ein vorübergehender, loser Zweckverband von Unternehmen zur Durchführung von Geschäften, die mit großem Kapitaleinsatz und hohem Risiko verbunden sind. So schließen sich z.B. Kreditinstitute zu Konsortien zusammen, um Aktien oder Obligationen großer Unternehmen zu platzieren, d.h. zu verkaufen.

2 **Joint Ventures** (engl. Gemeinschaftsunternehmen) sind eine Form der wirtschaftlichen Zusammenarbeit zwischen zwei oder mehreren voneinander unabhängigen Unternehmen – der sogenannten Gesellschafterunternehmen –, die sich darin niederschlägt, dass ein rechtlich selbstständiges Unternehmen gemeinsam gegründet oder erworben wird mit dem Ziel, Aufgaben im gemeinsamen Interesse der Gesellschafterunternehmen auszuführen.

- **Konzerne** sind horizontale, vertikale oder anorganische Zusammenschlüsse von Unternehmen, die **rechtlich selbstständig** sind, ihre **wirtschaftliche Selbstständigkeit** aber **aufgeben,** indem sie sich einer **einheitlichen Leitung** unterstellen.[1]

- **Trusts** sind horizontale, vertikale oder anorganische Zusammenschlüsse mehrerer Unternehmen, die ihre **rechtliche und wirtschaftliche Selbstständigkeit aufgeben.**

Die Trusts entstehen durch **Verschmelzung (Fusion).** Von Fusionen erhofft man sich u. a. **Synergieeffekte,**[2] d. h. Kosteneinsparungen durch Zusammenlegung von Abteilungen (z. B. Forschung, Marketing, Konstruktion, Vertrieb).

4.5 Notwendigkeit und Auswirkungen einer Wettbewerbskontrolle

4.5.1 Grundlagen der Wettbewerbspolitik

Die Unternehmen haben vor allem bei wirtschaftlichen Schwierigkeiten das Ziel, einem freien Wettbewerb durch Zusammenschlüsse auszuweichen. Deshalb muss der Staat den Wettbewerb durch eine **aktive Wettbewerbspolitik (Ordnungspolitik)** fördern und alle Unternehmenszusammenschlüsse, die erkennbar gegen die Prinzipien eines freien Wettbewerbs verstoßen, verbieten und unter Strafe stellen.

- Das **Kartellrecht** schafft die Voraussetzungen für einen **funktionierenden** Wettbewerb der auf den Märkten auftretenden Unternehmen. Insbesondere will es der **Entstehung** von **zu viel Marktmacht** eines Unternehmens **vorbeugen.**

- In Deutschland finden sich die kartellrechtlichen Regelungen vor allem im **Gesetz gegen Wettbewerbsbeschränkungen (GWB).**

4.5.2 Kartellkontrolle

(1) Grundsätzliches Kartellverbot

- **Vereinbarungen** zwischen Unternehmen, **Beschlüsse** von Unternehmensvereinigungen sowie aufeinander **abgestimmte Verhaltensweisen** zur Verhinderung, Einschränkung oder Verfälschung des Wettbewerbs sind **verboten** [§ 1 GWB].

- Von diesem Verbot sind sowohl Beschränkungen des Wettbewerbs von Marktteilnehmern auf der gleichen Wirtschaftsstufe (**horizontale** Beschränkungen) als auch solche von Wettbewerbern verschiedener Wirtschaftsstufen (**vertikale** Beschränkungen) erfasst.

---

1 Das herrschende Unternehmen kann auch eine **„Dachgesellschaft"** sein. Bei diesen sogenannten Dachgesellschaften (**Holding-Companies**) übertragen die Konzernunternehmen ihre Aktien (oder zumindest deren Mehrheit) auf eine übergeordnete Gesellschaft, die lediglich Aufgaben der Verwaltung und Finanzierung übernimmt.

2 **Synergie** (griech.): Mitwirkung, Kräfte sparendes Zusammenwirken.

Vereinbarungen	Vereinbarungen sind **Verträge,** durch die sich eine oder mehrere (natürliche oder juristische) Personen zu einem Tun oder Unterlassen verpflichten (z. B. Preise zu erhöhen, bestimmte Personengruppen nicht zu beliefern, Produktionsquoten einzuhalten). Unter das Verbot fallen mündliche oder schriftliche Vereinbarungen.
Beschlüsse	Beschlüsse sind einstimmig oder mehrheitlich mit Rechtsfolgewillen getroffene Entscheidungen der zuständigen Gremien (Organe) von Unternehmensvereinigungen. Sie binden die Mitglieder der Vereinigung.
Abgestimmte Verhaltensweisen	Abgestimmte Verhaltensweisen sind dadurch gekennzeichnet, dass eine verbindliche Übereinkunft zwischen den sich am Markt gleichförmig verhaltenden Unternehmen fehlt. Dies kann bereits durch gegenseitige Information über ihr künftiges Marktverhalten oder die Befolgung einer Empfehlung der Fall sein. (Beispiel: Alle führenden Mineralölgesellschaften erhöhen ohne formale Absprache innerhalb weniger Tage ihre Absatzpreise.)

Grundsätzlich verboten sind somit auch die sogenannten **Preisbindungen,** bei denen durch vertikale Vereinbarungen die Käufer daran gehindert werden, ihre Verkaufspreise selbst festzulegen.

§ 1 GWB gilt jedoch nicht für Zeitungen, Zeitschriften und Bücher (Näheres siehe § 30 GWB und § 3 BuchPrG).

> **Beispiel:**
>
> Die Teigwarenfabrik Mehlert GmbH in Karlsruhe verpflichtet ihre Abnehmer (die Lebensmitteleinzelhändler) dazu, die Mehlert-Erzeugnisse nur zu den von der Mehlert GmbH festgelegten Preise zu verkaufen.

(2) Ausnahmen

■ **Freigestellte Vereinbarungen**

> Vom Kartellverbot des § 1 GWB **freigestellt** sind **Vereinbarungen zwischen** Unternehmen, die unter **angemessener Beteiligung** der **Verbraucher** an dem entstehenden Gewinn[1] zur Verbesserung der Warenerzeugung oder -verteilung oder zur Förderung des technischen oder wirtschaftlichen Fortschritts beitragen.

Die freigestellten Kartellabsprachen dürfen lediglich solche Beschränkungen enthalten, die für die Erreichung der oben genannten Ziele unerlässlich sind. Sie dürfen den beteiligten Unternehmen nicht die Möglichkeit eröffnen, für einen wesentlichen Teil der betreffenden Waren den Wettbewerb auszuschalten.

■ **Mittelstandskartelle**

Vereinbarungen zwischen miteinander im Wettbewerb stehenden Unternehmen und Beschlüsse von Unternehmensvereinigungen, die die **Rationalisierung**[2] wirtschaftlicher

---

1 Unter **„Gewinn"** ist hier nicht der in der Gewinn- und Verlustrechnung ausgewiesene Reingewinn zu verstehen, sondern der Vorteil der Unternehmen (z. B. Verbesserung der Produktqualität, Exportvorteile), den sie durch die Vereinbarungen, Beschlüsse und/oder abgestimmte Verhaltensweisen erlangen.

2 **Ratio** (lat.): Vernunft. Rationalisierung bedeutet im wirtschaftlichen (ökonomischen) Sprachgebrauch: vereinheitlichen, straffen, das Zusammenwirken der Produktionsfaktoren zweckmäßiger als bisher gestalten. Unter Rationalisierung ist demnach der Ersatz überkommener Verfahren durch zweckmäßigere und besser durchdachte zu verstehen.

Vorgänge durch zwischenbetriebliche Zusammenarbeit zum Gegenstand haben **(„Ratio-nalisierungskartelle")**, sind ebenfalls vom Kartellverbot **nicht betroffen,** wenn

- dadurch der Wettbewerb auf dem Markt **nicht wesentlich beeinträchtigt** wird und
- die Vereinbarung oder der Beschluss dazu dient, die **Wettbewerbsfähigkeit** kleinerer oder mittlerer Unternehmen, also von sogenannten **Mittelstandsunternehmen, zu verbessern.**

Diese Regelung ist für die deutsche Wirtschaft von großer Bedeutung, denn sie lässt den mittelständischen Unternehmen bei ihren Vereinbarungen und Beschlüssen einen verhält-nismäßig breiten Gestaltungsspielraum. Der **„Mittelstand"** umfasst über 99 % der Unter-nehmen in Deutschland.

4.5.3 Missbrauchsaufsicht

Über bestehende marktbeherrschende Unternehmen besteht eine Missbrauchsaufsicht durch das Bundeskartellamt.

Eine **missbräuchliche** Ausnutzung einer **marktbeherrschenden** Stellung durch ein oder mehrere Unternehmen ist **verboten.**[1]

(1) Formen des Missbrauchs

Ein **Missbrauch** liegt z. B. dann vor, wenn ein marktbeherrschendes Unternehmen

- die Wettbewerbsmöglichkeiten anderer Unternehmen erheblich ohne sachlich gerechtfertig-ten Grund beeinträchtigt,
- Entgelte oder sonstige Geschäftsbedingungen fordert, die sich bei einem wirksamen Wettbe-werb mit hoher Wahrscheinlichkeit nicht ergeben würden, oder
- sich weigert, einem anderen Unternehmen gegen ein angemessenes Entgelt Zugang zu den eigenen Netzen oder anderen Infrastruktureinrichtungen zu gewähren.[2]

Ein Missbrauch ist auch dann gegeben, wenn es dem anderen Unternehmen aus rechtli-chen oder tatsächlichen Gründen ohne die Mitbenutzung nicht möglich ist, auf dem vor- oder nachgelagerten Markt als Wettbewerber des marktbeherrschenden Unternehmens tätig zu werden.[3]

(2) Begriff der Marktbeherrschung

- **Marktbeherrschend** ist **ein** Unternehmen, wenn es auf dem relevanten Markt ohne Wettbewerber ist oder keinem wesentlichen Wettbewerb ausgesetzt ist **oder** im Verhältnis zu seinen Wettbewerbern eine überragende Marktstellung hat.
- **Marktbeherrschend** sind z. B. **zwei oder mehr** Unternehmen, wenn zwischen ihnen für eine bestimmte Art von Waren oder von gewerblichen Leistungen kein wesent-licher Wettbewerb besteht.

---

1 Die Unternehmen haben deshalb die Möglichkeit, unmittelbar bei einem Zivilgericht zu klagen (z. B. wenn ein Unternehmen aufgrund seiner Marktstellung wesentlich überhöhte Preise verlangt). Das Bundeskartellamt oder eine andere Behörde muss somit nicht vor-her tätig werden.

2 Zweck dieser gesetzlichen Regelung ist z. B., den Wettbewerb auf früheren monopolistischen Märkten dadurch zu fördern, dass bedeutende Netze bzw. Infrastrukturen wie z. B. Leitungsnetze für Strom und Nachrichten, Flughäfen und Medien grundsätzlich von allen Wettbewerbern genutzt werden können.

3 Dies gilt nicht, wenn das marktbeherrschende Unternehmen nachweist, dass die Mitbenutzung aus betriebsbedingten oder son-stigen Gründen nicht möglich oder unzumutbar ist [§ 19 IV GWB].

Vermutet wird eine Marktbeherrschung, wenn ein Unternehmen einen **Marktanteil** von **mindestens 40 %** hat. Eine **Gesamtheit** von Unternehmen gilt als marktbeherrschend, wenn **drei oder weniger Unternehmen** zusammen einen Marktanteil von **mindestens 50 %** oder **fünf oder weniger Unternehmen** zusammen einen Marktanteil von **mindestens zwei Dritteln** erreichen. Diese Vermutung gilt nicht, wenn die Unternehmen z. B. nachweisen, dass sie im Verhältnis zu den übrigen Wettbewerbern **keine überragende** Marktstellung haben.

4.5.4 Fusionskontrolle (Zusammenschlusskontrolle)

(1) Zusammenschlüsse

Unternehmenszusammenschlüsse liegen z. B. in folgenden Fällen vor:

- Erwerb des gesamten oder eines wesentlichen Teils des Vermögens eines anderen Unternehmens;
- Erwerb der unmittelbaren oder mittelbaren Kontrolle über andere Unternehmen durch Rechte, Verträge oder andere Mittel;
- Erwerb von Anteilen an einem anderen Unternehmen, wenn diese Anteile allein oder zusammen mit sonstigen, dem Unternehmen bereits gehörenden Anteilen a) 50 % oder b) 25 % des Kapitals oder der Stimmrechte des anderen Unternehmens erreichen.

(2) Anmelde- und Anzeigepflicht

Alle Unternehmenszusammenschlüsse sind **vor ihrem Vollzug** beim Bundeskartellamt **anzumelden**. Sie unterliegen bis zur Freigabe durch das Bundeskartellamt dem **Vollzugsverbot**. Die zur Anmeldung verpflichteten einzelnen Unternehmen müssen in ihrer Anmeldung dem Bundeskartellamt die **Form des Zusammenschlusses mitteilen**. Weitere Angaben sind von den beteiligten Unternehmen z. B. zur Firma, zum Niederlassungsort, zur Art ihres Geschäftsbetriebs, zu ihren Umsatzerlösen im Inland sowie in der Europäischen Union und über ihre Marktanteile zu machen.

(3) Geltungsbereich der Zusammenschlusskontrolle

Die Vorschriften des GWB über die Zusammenschlusskontrolle gelten, wenn im letzten Geschäftsjahr vor dem Zusammenschluss die beteiligten Unternehmen **insgesamt weltweit** Umsatzerlöse von **mehr als 500 Millionen €** und mindestens ein beteiligtes Unternehmen im **Inland** Umsatzerlöse von **mehr als 25 Millionen €** erzielt haben.

(4) Verfahren der Zusammenschlusskontrolle

Die Untersagung von Unternehmenszusammenschlüssen ist grundsätzlich nur innerhalb einer Frist von **4 Monaten** seit Eingang der vollständigen Fusionsanmeldung möglich.

(5) Ministererlaubnis

Auf Antrag kann der **Bundesminister für Wirtschaft und Technologie** die Erlaubnis zu einem vom Bundeskartellamt untersagten Zusammenschluss erteilen, wenn dieser von gesamtwirtschaftlichem Vorteil ist oder durch ein **überragendes Interesse der Allgemeinheit** gerechtfertigt ist. Die Erlaubnis darf nur erteilt werden, wenn der Zusammenschluss die marktwirtschaftliche Ordnung nicht gefährdet.

Kompetenztraining

6   1. Nennen Sie wichtige Ursachen der Unternehmenskonzentration!

2. Dem Bundeskartellamt obliegt auch die Aufgabe der Fusionskontrolle.

   Aufgaben:

   2.1 Erklären Sie den Begriff Fusion!

   2.2 Begründen Sie die Bedeutung der Fusionskontrolle in einer sozialen Marktwirtschaft!

3. Die Lebensmittelwerke AG schließt sich mit der Handelskette Gut & Fein GmbH zusammen.

   Aufgaben:

   3.1 Nennen Sie zwei Gründe, die für diesen Entschluss maßgebend gewesen sein könnten!

   3.2 Nennen Sie den Begriff für diese Art von Zusammenschluss!

   3.3 Nennen Sie zwei Vorteile und zwei Nachteile, die dieser Zusammenschluss für den Verbraucher mit sich bringen kann!

   3.4 Das Bundeskartellamt in Bonn verweigert den Zusammenschluss. Führen Sie an, auf welches Gesetz sich die Ablehnung gründet!

4. Erklären Sie jeweils zwei (mögliche) gesamtwirtschaftliche Vorteile und Nachteile (negative Auswirkungen) von Unternehmenszusammenschlüssen! Überwiegen Ihrer Ansicht nach die Vor- oder Nachteile? Begründen Sie Ihre Meinung!

5. Erläutern Sie, warum der Staat in der sozialen Marktwirtschaft dazu aufgerufen ist, Wettbewerbspolitik zu betreiben, und welche Ziele der Staat damit verfolgt!

5 Die wirtschaftspolitischen Ziele des Stabilitätsgesetzes sowie die qualitativen Ziele charakterisieren und anhand statistischer Daten die Zielerreichung überprüfen sowie die Auswirkungen wirtschaftspolitischer Maßnahmen auf die Zielbeziehungen analysieren

Lernsituation 5:

Nadine, Jennifer, Sarah und Meike – allesamt Schülerinnen an einem kaufmännischen Berufskolleg – sind seit vielen Jahren eine typische Mädchenclique, die viel Zeit miteinander verbringt. Alle vier sind in den letzten acht Monaten volljährig geworden und dürfen nun erstmals bei der in Kürze stattfindenden Bundestagswahl wählen. Als sogenannte Erstwählerinnen wollen sie auf jeden Fall an der Wahl teilnehmen und außerdem nicht irgendeiner Partei ihre Stimme geben, nur weil deren Kandidat oder Kandidatin sympathisch wirkt. Vielmehr haben sie sich fest vorgenommen, sich genauer darüber zu informieren, wofür die einzelnen Parteien wirklich stehen und welche Ziele sie konkret verfolgen. Vor diesem Hintergrund haben sich alle vier in den letzten Wochen mehr oder weniger intensiv für die Ziele der Parteien interessiert und öfter als früher Nachrichten und politische Diskussionsrunden angeschaut.

An einem Wochenende treffen sich die vier Freundinnen mal wieder nach einer ausgiebigen Shoppingtour in ihrem Lieblingscafe, um den Tag in gemütlicher Runde langsam ausklingen zu lassen. Im Laufe der schon länger andauernden Unterhaltung werden auch die in Kürze anstehenden Wahlen zum Gesprächsthema. Jennifer, die eine Ausbildung zur Kauffrau für Büromanagement absolvieren möchte, führt an, dass ihr heute beim Shoppen mal wieder aufgefallen sei, dass in letzter Zeit doch alles recht teuer geworden ist. Auch ihre Eltern würden sich schon länger über diese Entwicklung total aufregen. Gestern habe sie dann in einer Talkshow einen Politiker gehört, der sich im Falle eines Wahlsieges seiner Partei vor allem für einen stabileren Euro und somit auch für eine Eindämmung des spürbaren Preisanstiegs einsetzen möchte. Er habe sogar ausdrücklich darauf hingewiesen, dass dem Großteil der arbeitenden Bevölkerung diese Entwicklung dauerhaft nicht mehr zuzumuten sei und deshalb dringend politischer Handlungsbedarf bestehe. Das habe ihr sehr imponiert und sie würde deshalb wahrscheinlich dieser Partei ihre Stimme geben.

Meike:
„... mehr Wachstum und somit auch mehr Ausbildungs- und Arbeitsplätze ...“

Jennifer:
„... vor allem ein stabilerer Euro ...“

Sarah:
„... total begeistert, wie die Zukunft unseres Planeten in den Mittelpunkt gestellt wird ...“

Meike erklärt, dass ihr aufgefallen sei, dass die einzelnen Parteien recht unterschiedliche Ziele formuliert hätten, wobei ihr die Sache mit dem Euro noch nicht begegnet sei. Vielmehr ist ihr ein Werbespot in Erinnerung, wo die betreffende Partei sich im Falle einer Regierungsbeteiligung für mehr Wachstum und somit auch für mehr Ausbildungs- und Arbeitsplätze einsetzen möchte. Da sie nach Beendigung der Schule im kommenden Jahr eine Ausbildung bei einem Kreditinstiut anstrebt und von Bekannten weiß, wie schwierig es zurzeit ist, einen solchen Ausbildungsplatz bei einer Bank oder Sparkasse zu bekommen, hält sie diese Zielsetzung aus ihrer Sicht für besonders wichtig, sodass sie sich durchaus vorstellen könnte, genau diese Partei zu wählen.

Jetzt schaltet sich auch Sarah in das Gespräch ein und ist spürbar verärgert über Meike. Sie kann nicht verstehen, wie man eine Partei wählen kann, die ganz offensichtlich die Industrie noch stärker fördern möchte und damit wahrscheinlich auch noch mehr Industriegebiete entstehen ließe. Und mehr Industriegebiete bedeuten auch mehr Straßen und Autobahnen, mehr Lkw-Verkehr, mehr Lärm und mehr Abgase. Dies würde doch die Natur und somit die Umwelt noch weiter zerstören und die Zukunft der jungen Menschen stark gefährden. Eine solche Partei würde sie niemals wählen. Vielmehr habe sie in letzter Zeit immer wieder Politiker einer bestimmten Partei darüber sprechen hören, dass sie im Falle eines Wahlsieges genau das nicht mehr weiter zulassen werden. Daraufhin habe sie sich im Internet deren Parteiprogramm angesehen und sei total begeistert, wie die Politiker dieser Partei die Zukunft unseres Planeten in den Mittelpunkt ihrer Politik stellen – das sei eine Partei, die man als junger Mensch wählen müsse.

Nadine kann die ganze Aufregung ihrer Freundinnen überhaupt nicht verstehen und sagt, dass sie sich doch gar nicht streiten müssten, schließlich wäre es doch letztlich völlig egal, welcher Partei man seine Stimme gibt. Auf die Frage, wie sie denn darauf kommt, antwortet Nadine, dass ihr aufgefallen sei, dass auf den Wahlplakaten fast aller Parteien immer das Gleiche steht: „Für mehr soziale Gerechtigkeit". Und wenn doch alle Parteien ganz offensichtlich das gleiche Ziel verfolgen, erübrige sich wohl jegliche Diskussion.

Nadine:

„… Diskussion erübrigt sich. Fast alle Parteien sind für soziale Gerechtigkeit …"

Kompetenzorientierte Arbeitsaufträge:

1. Formulieren Sie, welche Ziele die Parteien in der vorangestellten Lernsituation konkret verfolgen. Erläutern Sie anschließend, mit welchen Messgrößen das Erreichen dieser jeweiligen Ziele überprüft werden kann!

2. In der Lernsituation wird erkennbar, dass zumindest zwei der angesprochenen Ziele miteinander in Konflikt stehen. Erklären Sie, um welche Ziele es sich handelt, und beschreiben Sie anschießend anhand eines eigenständig gewählten Beispiels diesen Zielkonflikt!

3. Erläutern Sie, was man unter „sozialer Gerechtigkeit" versteht! Überprüfen Sie dabei auch kritisch die Frage, inwiefern tatsächlich alle Parteien das Gleiche meinen, wenn sie von mehr sozialer Gerechtigkeit sprechen!

4. Nennen Sie die vier Ziele nach dem Stabilitätsgesetz und erläutern Sie jeweils deren politisch akzeptierten Zielerreichungsgrad!

5. Zeichnen Sie das „magische Sechseck der Wirtschaftspolitik" und entwickeln Sie für jedes einzelne Ziel des „magischen Sechsecks" jeweils zwei mögliche wirtschaftspolitische Maßnahmen, die zu einem höheren Zielerreichungsgrad beitragen könnten!

5.1 Begriff Wirtschaftspolitik

Die Wirtschaftspolitik versucht Antworten auf die Fragen zu finden:

- **Welche** Ziele sind realisierbar und
- **wie** lassen sich die festgelegten Ziele erreichen?

Am Anfang der Wirtschaftspolitik steht ein **Ziel,** das realisiert werden soll. Die Festlegung solcher Ziele und Normen, also dessen, was sein sollte, lässt sich wissenschaftlich allgemeingültig nicht vornehmen.

Da man folglich über die Ziele der Wirtschaftspolitik **unterschiedlicher Meinung** sein kann, sollte deren Festlegung bzw. Formulierung letztlich über politisch legitimierte Organe im Sinne eines gesamtgesellschaftlichen Konsenses[1] erfolgen. Die anzustrebenden Ziele sind im Wesentlichen politisch durch die **Träger der Wirtschaftspolitik,** etwa durch das Parlament, zu bestimmen.

Unter **Wirtschaftspolitik** versteht man die Beeinflussung der Wirtschaft durch politische Maßnahmen, mit denen der **Staat regelnd** und **gestaltend** in die Wirtschaft eingreift.

Wirtschaftspolitik umfasst alle Maßnahmen staatlicher Instanzen

- zur Gestaltung der Wirtschaftsordnung (**Ordnungspolitik).**

  Beispiele:

  Wettbewerbsordnung, Gewerbeordnung, Eigentumsordnung.

- zur Beeinflussung der Struktur (**Strukturpolitik).**

  Beispiele:

  Steuererleichterungen und Subventionen zur Modernisierung bzw. Anpassung einzelner Industrien oder Branchen, finanzielle Förderung von Forschung, Verbesserung der Infrastruktur.

- zum Ablauf des arbeitsteiligen Wirtschaftsprozesses (**Prozesspolitik).**

  Beispiele:

  Arbeitsmarktpolitik, Konjunkturpolitik (Fiskalpolitik) und Geldpolitik.

Die Wirtschaftspolitik kann sich auf die gesamte Volkswirtschaft (**allgemeine Wirtschaftspolitik)** oder auf Teilbereiche (**spezielle Wirtschaftspolitik)** erstrecken.

---

1 **Konsens:** Zustimmung, Einwilligung, Übereinstimmungen der Meinungen.

4 Boller, Speth, Hartmann - ISBN 978-3-8120-0530-2

5.2 Wirtschaftspolitische Ziele und ihre Zielbeziehungen

5.2.1 Ziele des Stabilitätsgesetzes sowie deren Messgrößen und Zielerreichungsgrade

(1) Überblick

- **Politik** ist **zielgerichtetes** Handeln. Der Staat muss sich also Ziele setzen, nach denen er seine Wirtschaftspolitik ausrichtet.
- Das **Grundgesetz** mit seinen Forderungen nach **größtmöglicher Freiheit** und **sozialer Gerechtigkeit** setzt hierzu nur „Eckpfeiler". In diesem weit gespannten Rahmen ist der Staat in seinen Zielsetzungen und Maßnahmen frei.

Nach § 1 des Gesetzes zur Förderung der Stabilität und des Wachstums der Wirtschaft vom 8. Juni 1967 **(„Stabilitätsgesetz")** haben Bund und Länder bei ihren wirtschafts- und finanzpolitischen Maßnahmen die Erfordernisse des gesamtwirtschaftlichen Gleichgewichts zu beachten.

Gesamtwirtschaftliches Gleichgewicht liegt vor, wenn **alle** Produktionsfaktoren vollbeschäftigt sind und sich **alle** Märkte (z.B. Arbeits-, Kredit-, Gütermärkte) ausgleichen.

Aus diesem **Oberziel** leitet das Stabilitätsgesetz **vier Unterziele (magisches Viereck)** ab:

- Stabilität des Preisniveaus,
- hoher Beschäftigungsstand,
- außenwirtschaftliches Gleichgewicht und
- stetiges und angemessenes Wirtschaftswachstum.

Die vier genannten Ziele sind **quantitative Ziele,** weil sie sich in Zahlen erfassen lassen. Zwei weitere wichtige, nicht ausdrücklich im Stabilitätsgesetz erwähnte **qualitative Ziele** sind:

- sozial verträgliche Einkommens- und Vermögensverteilung und
- Erhaltung der natürlichen Lebensgrundlagen (Umweltschutz).

Werden die **quantitativen** und **qualitativen** Ziele gleichzeitig verfolgt, so spricht man von einem **magischen Sechseck.**

(2) Hoher Beschäftigungsstand[1]

> Die **Beschäftigung** zeigt den Grad der **Kapazitätsausnutzung** einer Volkswirtschaft an.

Die Beschäftigungslage in einer Volkswirtschaft beurteilt man meist an den Arbeitslosenzahlen und den offenen Stellen.

Vollbeschäftigung	Sie ist gegeben, wenn die **Arbeitslosenquote** (Anteil der Arbeitslosen an den beschäftigten Erwerbspersonen) **nicht mehr als rund 2 %** beträgt.
Überbeschäftigung	Sie liegt vor, wenn die Zahl der offenen Stellen erheblich über der Zahl der Arbeitslosen liegt.
Unterbeschäftigung	Sie ist gegeben, wenn die Arbeitslosenquote höher als rund 2 % ist und die Zahl der offenen Stellen niedriger als die Arbeitslosenzahl ist.

Eine einheitliche Berechnungsformel für die **Arbeitslosenquote** gibt es nicht. Die Bundesagentur für Arbeit verwendet in Anlehnung an die Berechnung der EU-Arbeitslosenquote folgende Berechnungsmethode:

$$ALQ = \frac{\text{Arbeitslosenzahl} \cdot 100}{\text{Anzahl der Erwerbspersonen}}$$

Unter **Erwerbspersonen** sind die selbstständigen und die unselbstständigen Erwerbspersonen **zuzüglich der Arbeitslosen** zu verstehen. Demnach besteht die Zahl der abhängigen Erwerbspersonen aus den abhängig Beschäftigten **und** den Arbeitslosen.

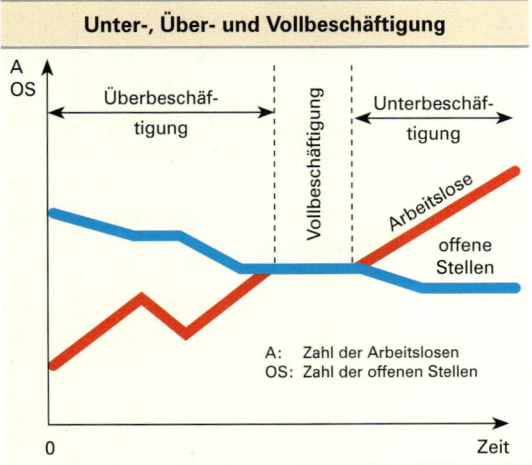

Unter-, Über- und Vollbeschäftigung

A: Zahl der Arbeitslosen
OS: Zahl der offenen Stellen

1 Vgl. hierzu Kapitel 7, S. 68ff.

Zu den wichtigsten **Problemen der Unterbeschäftigung** innerhalb einer Volkswirtschaft zählen:

- Drohende Arbeitslosigkeit bewirkt einen **Rückgang der Nachfrage.**

- Die **Steuereinnahmen** des Staates **gehen zurück**, sodass dieser seine Aufgaben nicht mehr in vollem Umfang erfüllen kann.

- Die **Familien** der Arbeitslosen kommen in **finanzielle Schwierigkeiten,** sodass die sozialen Probleme zunehmen.

- Sinkende Beitragseinnahmen der **Sozialversicherungsträger** und zugleich steigende Ausgaben (z. B. der Arbeitslosenversicherung), steigende Lohnnebenkosten der Unternehmen durch Erhöhung der Beitragssätze, dadurch Gefährdung der internationalen Wettbewerbsfähigkeit, Verschärfung einer bestehenden Arbeitslosigkeit.

- **Soziale Konflikte** können sich verstärken (z. B. Radikalisierung).

> Eine der wichtigsten Aufgaben der Wirtschaftspolitik ist die Sicherung eines **hohen Beschäftigungsstands.**

(3) Stabilität des Preisniveaus

> Eine (absolute) **Stabilität des Preisniveaus** (Geldwertstabilität) liegt vor, wenn sich das Preisniveau[1] überhaupt nicht verändert.

Auch bei absoluter Preisstabilität können sich die Preise der einzelnen Güter verändern. Bedingung ist jedoch, dass Preissteigerungen einzelner Wirtschaftsgüter durch die Preissenkungen anderer Wirtschaftsgüter ausgeglichen werden.

Die Wirtschaftspolitik konnte oder wollte bisher nur in seltenen Fällen eine absolute Preisstabilität erreichen. Aus diesem Grund wird heute eine relative Preisstabilität gefordert. Nach der **Definition der Europäischen Zentralbank (EZB)** ist Preisstabilität gegeben, wenn die jährliche Preissteigerungsrate **unter 2 %** liegt.

Inflationsraten,[2] die über der genannten Zielvorstellung liegen, bringen erhebliche Nachteile mit sich. Die Sparer werden dann geschädigt, wenn die Inflationsraten (Preissteigerungsraten) höher als die Sparzinsen sind. Hingegen werden die Schuldner und die Besitzer von Realvermögen (z. B. von Grundstücken, Betriebsvermögen und Anteilsrechten wie z. B. Aktien) bevorzugt. Steigt das inländische Preisniveau schneller als das ausländische, wird der Export beeinträchtigt, sodass die Arbeitsplätze in Gefahr geraten.

(4) Außenwirtschaftliches Gleichgewicht

> Ein **außenwirtschaftliches Gleichgewicht** liegt vor, wenn die Zahlungsbilanz mittelfristig ausgeglichen ist.

Die Zahlungsbilanz ist die Gegenüberstellung aller in Geld messbaren Transaktionen (Bewegungen, Übertragungen) zwischen In- und Ausland. Sind die Zahlungsströme ins Inland größer als die Zahlungsströme ins Ausland, spricht man von Zahlungsbilanzüber-

---

1 **Preisniveau:** gewogener Durchschnitt aller Güterpreise. Vgl. fakultative Inhalte, Kapitel 1.1, S. 86 ff.

2 **Inflationsraten:** Preissteigerungsraten (prozentuale durchschnittliche Preissteigerungen in Bezug auf das Vorjahr). Unter Inflation (lat. Aufblähung) versteht man eine lang anhaltende Steigerung des Preisniveaus.

schuss. Sind die Zahlungsströme vom Inland ins Ausland größer als die Zahlungsströme vom Ausland ins Inland, handelt es sich um ein Zahlungsbilanzdefizit. Im ersten Fall liegt eine **aktive Zahlungsbilanz,** im zweiten eine **passive Zahlungsbilanz** vor.

Da die Hauptursachen von **Zahlungsbilanzungleichgewichten** meistens in einem anhaltenden **Missverhältnis von Importen und Exporten** liegen, wollen wir uns auf die Wirkungen von Export- bzw. Importüberschüssen beschränken.

Exportüberschüsse	
	■ Exportüberschüsse führen zu **Devisenüberschüssen**,[1] weil die Exporteure die eingenommenen Devisen in der Regel bei den Banken in Binnenwährung umtauschen. ■ Der Geldumlauf in der Binnenwirtschaft steigt. Bei bestehender Vollbeschäftigung steigt das Preisniveau (**„importierte Inflation"**).[2]
Importüberschüsse	
	■ Die Importeure zahlen die Importe entweder in Binnen- oder in Fremdwährung. Wird in Binnenwährung gezahlt, tauschen die im Devisenausland ansässigen Exporteure ihre Erlöse in ihre eigene Währung um. Wird in Fremdwährung gezahlt, müssen die Importeure die benötigten Devisen im eigenen Währungsgebiet kaufen. ■ In beiden Fällen **schrumpft der Devisenvorrat** der Binnenwirtschaft: Die Zahlungsbilanz wird passiv. Die abnehmende Geldmenge bremst zwar den Preisauftrieb, gefährdet aber die Arbeitsplätze.

(5) Stetiges und angemessenes Wirtschaftswachstum

■ **Begriff Wirtschaftswachstum**

> Ein **stetiges Wirtschaftswachstum** liegt vor, wenn das Wachstum des **realen** Bruttoinlandsprodukts keine oder nur geringe Konjunkturschwankungen[3] aufweist.

Das Wirtschaftswachstum ist in allen Wirtschaftsordnungen ein wesentliches Ziel der Wirtschaftspolitik, denn nur dann, wenn die Produktion wirtschaftlicher Güter schneller als die Bevölkerung wächst, kann der **materielle Lebensstandard** pro Kopf der Bevölkerung **erhöht** werden. Wirtschaftliches Wachstum ist umso wichtiger, je geringer der Entwicklungsstand und damit der Lebensstandard einer Volkswirtschaft ist.

Schwieriger ist der Begriff des **angemessenen Wirtschaftswachstums** zu bestimmen, denn was unter „angemessen" zu verstehen ist, kann nur politisch entschieden werden. Derzeit würde ein jährliches Wirtschaftswachstum von **3 %** im Bundesdurchschnitt als großer wirtschaftspolitischer Erfolg gewertet werden.

■ **Bedingungen des quantitativen Wirtschaftswachstums**

Das Wachstum der Wirtschaft – gemessen an der Höhe des **realen Bruttoinlandsprodukts** – ist vor allem auf folgende Faktoren zurückzuführen:

■ ausreichend zur Verfügung stehende Rohstoff- und Energiequellen (Ressourcen);

---

1 **Devisen:** Zahlungsmittel (z. B. Schecks und Überweisungen) in Fremdwährung.

2 Weil bei Exportüberschüssen der Geldumlauf im eigenen Währungsgebiet steigt und dort zugleich das Güterangebot sinkt, spricht man auch vom **doppelt inflationären Effekt** der **Exportüberschüsse.**

3 **Konjunktur:** Schwankungen der wirtschaftlichen Aktivitäten, vor allem der Beschäftigung. Vgl. Kapitel 6, S. 59 ff.

- hohe Sparrate, die hohe Investitionen ermöglicht;
- gute Ausbildung der arbeitenden Bevölkerung („Know-how");
- ausgebaute Infrastruktur;
- optimistische Zukunftserwartungen der Wirtschaftssubjekte;
- sicherer (steigender) Absatz mit angemessenen Unternehmensgewinnen.

■ Grenzen des Wirtschaftswachstums

Die Bedingungen des Wirtschaftswachstums machen zugleich seine möglichen Grenzen sichtbar: Die **Rohstoff- und Energievorräte** der Erde sind begrenzt, die **Bevölkerungszahl** der hoch industrialisierten Länder stagniert oder schrumpft und die **Umweltbelastung** durch Schadstoffe nimmt zu. Hinzu kommt, dass in den industriellen „Wohlstandsgesellschaften" die materiellen Grundbedürfnisse weitgehend befriedigt sind.

(6) Mögliche Zielkonflikte[1] (magisches Viereck)

Die Forderung, dass die Wirtschaftspolitik gleichzeitig einen hohen Beschäftigungsstand, Preisstabilität (Geldwertstabilität), außenwirtschaftliches Gleichgewicht sowie stetiges und angemessenes Wirtschaftswachstum anzustreben habe, ist leicht zu erheben, aber schwierig zu erfüllen. Je nach Ausgangslage besteht Zielharmonie[2] oder ein Zielkonflikt.

- Von **Zielharmonie** spricht man, wenn bestimmte wirtschaftspolitische Maßnahmen der Erreichung mehrerer Ziele dienlich sind.

- Ein **Zielkonflikt** liegt vor, wenn die Ergreifung einer bestimmten Maßnahme die Wirtschaft zwar einem Ziel näher bringt, sie dafür aber von anderen Zielen entfernt.

- **Zielindifferenz**[3] ist gegeben, wenn durch die Verfolgung eines wirtschaftspolitischen Ziels die Verfolgung anderer wirtschaftspolitischer Ziele weder gefährdet noch gefördert wird.

Es ist ersichtlich, dass in der Regel die gleichzeitige Verfolgung der genannten Ziele nicht möglich ist. Man spricht daher vom **„magischen Viereck"**. Nur ein Magier, also ein Zauberer, könnte gleichzeitig Vollbeschäftigung, Preisstabilität, außenwirtschaftliches Gleichgewicht sowie stetiges und angemessenes Wirtschaftswachstum erreichen.

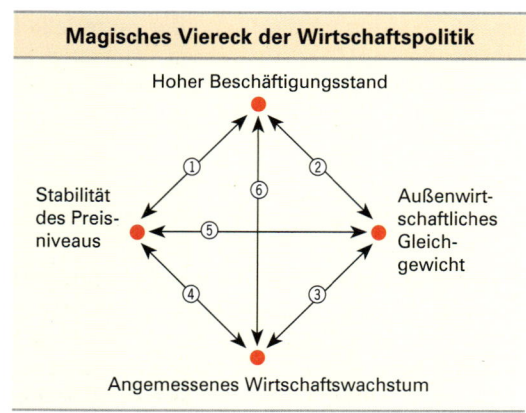

(Die Pfeile bedeuten mögliche Zielkonflikte)

---

1 **Konflikt** (lat.): Zusammenstoß, Widerstreit, Zwiespalt.

2 **Harmonie** (griech.-lat.): Übereinstimmung, Einklang.

3 **Indifferenz** (lat.): "Keinen Unterschied haben"; indifferent: unbestimmt, unentschieden, gleichgültig, teilnahmslos.

Beispiel für eine mögliche Konfliktsituation:

Ist eine Wirtschaft **unterbeschäftigt,** liegt in der Regel folgende Situation vor: Die Zahl der Arbeitslosen übersteigt die Anzahl der offenen Stellen; der Preisauftrieb ist gedämpft, sofern die Gewerkschaften trotz Unterbeschäftigung keine überhöhten Lohnforderungen durchsetzen. Die Investitionsneigung der Unternehmen ist gering, weil der entsprechende Absatz fehlt. Die Steuereinnahmen des Staates reichen nicht aus, um die Staatsausgaben zu finan-

zieren. Angenommen nun, die Wirtschaft soll mithilfe von Exportförderungsmaßnahmen (z. B. Exportsubventionen, Abwertung) belebt werden. War die Zahlungsbilanz bisher ausgeglichen, kann somit das Ziel des außenwirtschaftlichen Gleichgewichts *nicht* angestrebt werden. Das Ziel der Preisstabilität hingegen ist in dieser Situation nicht gefährdet, weil die unterbeschäftigte Wirtschaft zunächst zu konstanten Preisen anbieten kann.

5.2.2 Sozial verträgliche Einkommens- und Vermögensverteilung

Das wirtschafts- und sozialpolitische Ziel einer sozial verträglichen Einkommens- und Vermögensverteilung läuft darauf hinaus, die Einkommen und Vermögen in Zukunft **gleichmäßiger** unter die großen sozialen Gruppen der Arbeitnehmer einerseits und der Selbstständigen ("Unternehmer") einschließlich der sonstigen Vermögensbesitzer andererseits zu verteilen. Bezüglich der Einkommenspolitik des Staates bedeutet das, die **Lohnquote** (Anteil der Arbeitnehmer am Gesamteinkommen) zu erhöhen.

Wieviel Geld steht einer Haushaltsgemeinschaft in Deutschland, die aus mindestens einer Person besteht, monatlich zur Verfügung? Nach einer Auswertung des GfK GeoMarketings kamen im Jahr 2016 22,7 Prozent aller Haushalte – und damit die meisten – mit Lohn bzw. Gehalt, Rente, Mieteinnahmen u. ä. zusammen auf netto 2600 bis unter 4000,00 EUR. 20,6 Prozent der Haushalte hatten monatlich 4000,00 EUR oder mehr. Der Anteil der Topverdiener mit einem Einkommen von 7500,00 EUR und mehr lag bei 4,0 Prozent. Mit weniger als 1100,00 EUR mussten dagegen 13,2 Prozent der Haushalte auskommen.

Die Verfolgung des Ziels einer sozial verträglichen Einkommensverteilung ist für die Regierung der Bundesrepublik Deutschland deswegen schwierig, weil Tarifautonomie besteht, d. h., weil die Sozialpartner (Tarifpartner) das Recht haben, die Arbeitsentgelte selbstständig und ohne staatliche Einmischung zu vereinbaren. Dennoch verbleiben dem Staat eine Reihe von **wirtschafts- und sozialpolitischen Maßnahmen** vor allem vermögenspolitischer Art. Hierzu gehören die

■ Einführung eines **Investivlohns** (Gewinnausschüttungen an Arbeitnehmer, die im eigenen oder in fremden Unternehmen investiert werden),

- Einführung eines **gesetzlichen Mindestlohns,**
- der **Kombilohn** (bei niedrigen Löhnen stockt der Staat den Lohn auf) und
- **Sparförderungsmaßnahmen.**

Hinzu kommt die **Steuerpolitik,** mit deren Hilfe die **Einkommen umverteilt** werden: Hohe Einkommen werden überproportional hoch, niedrigere Einkommen nur gering oder überhaupt nicht direkt besteuert **(Steuerprogression).**

5.2.3 Erhaltung der natürlichen Lebensgrundlagen

Das wirtschafts- und sozialpolitische Ziel, die Umwelt lebenswert zu erhalten und/oder zu verbessern, ist ein **qualitatives Ziel.**

Wird in den Zielkatalog einer **sozialen Marktwirtschaft** das Ziel des Umweltschutzes aufgenommen, müssen – ebenso wie dies zur Erreichung sozialer Ziele erforderlich ist – **staatliche Eingriffe** erfolgen, die die Marktbedingungen so verändern, dass **Nachfrage** und **Angebot** in der gewünschten Weise gelenkt werden. **Marktkonforme**[1] **Maßnahmen** müssen hierbei die Regel, **marktkonträre**[2] **Maßnahmen** die Ausnahme bilden.

Art der Maßnahme	Erläuterungen	Beispiele
Marktkonforme Maßnahmen **Ziel:** **Anreize** zu umweltschonendem Verhalten geben, **ohne den Preismechanismus** des Marktes **außer Kraft zu setzen.**	Hier versucht der Staat umweltschädliche Maßnahmen und Produkte mithilfe von Steuern, Abgaben und Zöllen (**„Ökosteuern"**) so stark zu belasten, dass in absehbarer Zeit sowohl Nachfrage als auch Angebot reagieren werden. Umgekehrt sollen alle als umweltschonend erkannten Maßnahmen und Produkte so stark entlastet (erforderlichenfalls auch subventioniert) werden, sodass sich Nachfrage und Produktion in die gewünschte Richtung bewegen.	- Mögliche Einführung von „Öko-Produktsteuern", z. B. für Batterien, tropisches Holz, Waschmittel und Streusalz. - Erhebung von Müllvermeidungssteuern für Einwegflaschen, Getränkedosen, Kunststoffbehälter und -flaschen, Aluminiumfolien und für Werbezwecke verwendetes Papier. - Rücknahmeverpflichtung für umweltbelastende Produkte, nachdem ihre Nutzungsdauer abgelaufen ist (z. B. Kühlschränke, Autos, Batterien).
Marktkonträre Maßnahmen **Ziel:** Zu umweltschonendem Verhalten **zwingen, indem der Preismechanismus** des Marktes **aufgehoben wird.**	Marktkonträre Maßnahmen sind **Verbote** und die Vorgabe von **Grenzwerten.** Das Problem der Vorgabe von Grenzwerten ist, dass sie auch noch unterboten werden können, die Wirtschaftssubjekte aber nicht einsehen, dass sie die Kosten für eine weitere Verringerung von Schadstoffen tragen sollen, wenn dies nicht gesetzlich vorgeschrieben ist.	- Umweltschädliche Produkte, auf die vollständig verzichtet werden kann, müssen verboten werden (z. B. umweltschädliche Treibgase in Sprühdosen, Glühbirnen). - Einzelschadstoffe, die mit technischen Mitteln auf einen bestimmten Stand reduziert werden können, sind mithilfe von Grenzwerten zu verringern (z. B. Schadstoffe in Autoabgasen).

---

1 **Konform** sein: In Einklang stehen mit etwas; marktkonforme Maßnahmen sind also solche, die mit der Idee der Marktwirtschaft in Einklang stehen.

2 **Konträr:** entgegengesetzt.

5.2.4 Wechselwirkungen wirtschaftspolitischer Maßnahmen

Beispiel:

Angenommen, die Regierung eines Landes setzt die Einkommensteuersätze herauf, um die Staatseinnahmen zu erhöhen. Die Rechnung dieses Ursache-Wirkungsdenkens („höhere Steuersätze bringen dem Staat mehr Geld") geht nicht auf: Die Steuereinnahmen steigen nicht. Sie nehmen sogar ab, weil die Konsumenten weniger Geld zur Verfügung haben, sodass die Konsumausgaben sinken. Die Beschäftigung im Handel in der Konsumgüterindustrie geht zurück. Letztere wiederum stellt ihre Investitionsvorhaben zurück, sodass die Kapazitätsauslastung in der Investitionsgüterindustrie sinkt. Die Steuererhöhung hat das Gegenteil dessen bewirkt, was sie eigentlich wollte.

Das Beispiel zeigt, dass die Wirkungen wirtschaftspolitischer Maßnahmen meistens nicht richtig beurteilt werden können, wenn einfache „lineare" Denkmuster zugrunde gelegt werden. Das Denken in „Wenn-dann-Beziehungen" (Ursache-Wirkungsbeziehungen) führt deswegen zu ungenauen, manchmal sogar falschen Ergebnissen, weil neben den **unmittelbaren (direkten) Beziehungen eines Systems**[1] auch die **mittelbaren (indirekten)** Beziehungen, die außerdem **zeitverzögert** eintreten können, berücksichtigt werden müssen. Außerdem sind **Rückkopplungen,** d. h. in diesem Falle also Rückwirkungen bestimmter staatlicher Maßnahmen, zu berücksichtigen.

Darüber hinaus können sich staatliche Eingriffe auf die gesamte Wirtschaft (das In- und Ausland) auswirken. Beispiele sind die Auswirkungen von Zollerhöhungen oder -senkungen auf den Außenhandel und die Beschäftigung, von Umweltschutzmaßnahmen auf die Investitionstätigkeit inländischer und ausländischer Investoren oder der Zulassung oder Nichtzulassung von genmanipulierten[2] Futter- und Nahrungsmitteln auf die in- und ausländische Landwirtschaft und die Gesundheit der Bevölkerung.

Kompetenztraining

7
1. Nennen und beschreiben Sie den Zielkatalog des „magischen Vierecks"!

2. Erläutern Sie, warum diese Zielkombinationen (Frage 1) als „magisch" bezeichnet werden!

3. Nennen Sie die Anzahl der möglichen Konfliktfelder, die es z. B. bei der gleichzeitigen Verfolgung von z. B. fünf oder sieben wirtschaftspolitischen Zielen gibt!

4. Die im Kapitel 5.2 genannten wirtschaftspolitischen Ziele sind Oberziele. Wählen Sie drei dieser Ziele aus und überlegen Sie sich, welche Zwischen- und Unterziele sich aus diesen Oberzielen ableiten lassen!

5. Bearbeiten Sie folgende Aufgaben:

    5.1 Das Oberziel der Wirtschaftspolitik von Deutschland ist nach § 1 StabG das „gesamtwirtschaftliche Gleichgewicht". Erläutern Sie, was hierunter zu verstehen ist!

    5.2 Nennen Sie die quantitativen Ziele des § 1 StabG!

    5.3 Erläutern Sie, warum die Vollbeschäftigung ein wichtiges Ziel der Wirtschaftspolitik ist!

    5.4 Erläutern Sie, unter welchen Bedingungen Vollbeschäftigung vorliegt!

    5.5 Erklären Sie das wirtschaftspolitische Ziel „Preisniveaustabilität"!

---

1 **System** (griech.): ein aus zahlreichen Elementen (Einzelteilen) zusammengesetztes Ganzes, bei dem jedes einzelne Element mit jedem anderen mittelbar oder unmittelbar zusammenhängt. Ein einfaches Beispiel für ein System ist das Mobile. Gleichgültig, welches Einzelteil auch angestoßen wird, es werden sich – oft auf nicht vorhersehbare Weise – alle anderen Elemente bewegen und mit einer gewissen Zeitverzögerung auch auf die Bewegung des ursprünglich angestoßenen Teils Einfluss nehmen.

2 **Gen** (griech.): Erbfaktor. Genmanipulation: künstliche Veränderung der Erbfaktoren.

5.6 Begründen Sie, warum der Staat für außenwirtschaftliches Gleichgewicht sorgen sollte!

5.7 Erläutern Sie, welche möglichen Zielkonflikte zwischen den Zielen „hoher Beschäftigungsstand", „Stabilität des Preisniveaus" und „außenwirtschaftliches Gleichgewicht" bestehen können!

5.8 Erklären Sie, was unter stetigem Wirtschaftswachstum zu verstehen ist!

5.9 Nennen Sie neben dem Ziel des stetigen Wirtschaftswachstums noch weitere langfristige Ziele der Wirtschaftspolitik!

5.10 Erläutern Sie, welche Zielkonflikte sich zwischen dem Ziel des stetigen Wirtschaftswachstums einerseits und den kurzfristigen Zielen der Stabilität des Preisniveaus, des hohen Beschäftigungsstands und des außenwirtschaftlichen Gleichgewichts andererseits ergeben können!

5.11 Die möglichen Zielkonflikte erfordern, dass der Staat wirtschaftspolitische Kompromisse schließen muss. Erläutern Sie diese Aussage!

5.12 Erläutern Sie, warum in Deutschland trotz Wirtschaftswachstum das Ziel eines möglichst hohen Beschäftigungsstands seit Jahren unerreichbar scheint!

6. Ökosteuern und -abgaben, Verbote und die Vorgabe von Grenzwerten sollen zu einem umweltverträglichen Wirtschaften beitragen.

Beispiele:

a) Erhebung einer Abwasserabgabe, die mit zunehmendem Reinheitsgrad der Abwässer sinkt.

b) Abschaffung der Kraftfahrzeugsteuer und Erhöhung der Mineralölsteuer.

c) Verbot umweltschädlicher Produkte (z. B. umweltschädlicher Treibgase in Sprühdosen).

d) Begrenzung der zulässigen Rußzahlen bei Ölfeuerungsanlagen.

e) Fahrverbot für Kraftfahrzeuge mit Benzinmotoren ohne Katalysator.

f) Stromsteuer auf Atomstrom und Strom aus Verbrennungskraftwerken.

g) Vorgabe von Abgasgrenzwerten (z. B. für Kraftwerke, Autos).

h) Subventionen zur Gewinnung von Erdwärme.

i) Steuererleichterung für Dieselfahrzeuge mit Rußfilter.

j) Herstellungsverbot asbesthaltiger Werkstoffe.

k) Einführung des Dosenpfands.

l) Importverbot für genmanipulierte Lebensmittel.

Aufgaben:

6.1 Begründen Sie, welche der genannten Maßnahmen als marktkonform und welche als marktkonträr zu bezeichnen sind!

6.2 Angebot und Nachfrage nach einem umweltschädlichen Gut A verhalten sich normal. Das Gut A wird mit einer Ökosteuer belegt. Stellen Sie mithilfe der Angebots- und Nachfragekurve dar, wie sich Preis und Absatzmenge des Gutes A verändern!

6.3 Erklären Sie, wie sich die Ökosteuer auf das Produkt A auf die Nachfrage nach dem Substitutionsgut (Ersatzgut) B auswirken könnte!

6.4 Bilden Sie zwei eigene Beispiele für den unter 6.3 beschriebenen Substitutionseffekt!

7. Beschreiben Sie, welche Zusammenhänge die nachfolgenden Abbildungen ausdrücken!

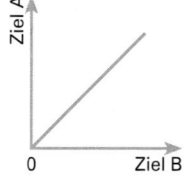 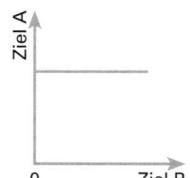  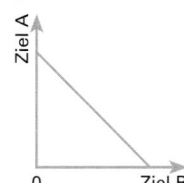

6 Den idealtypischen Konjunkturverlauf beschreiben sowie die staatliche Wirtschaftspolitik und deren Folgen anhand von Beispielen erläutern und beurteilen

Lernsituation 6:

Jennifer und Nils besuchen zurzeit das Berufskolleg. Vor Unterrichtsbeginn treffen sich beide zufällig in der Cafeteria des Berufskollegs. Nach einem kurzen belanglosen Gespräch kommen sie auf den gestrigen Unterrichtstag zu sprechen. Nils ist immer noch stocksauer auf einen Lehrer, der nach einer Auseinandersetzung mit der Klasse wegen des – aus seiner Sicht mal wieder unerträglichen – Lärmpegels auf die wenig erfreulichen Perspektiven der Schüler hingewiesen hat. Konkret führte der Lehrer an, dass mit Blick auf die Konjunkturprognosen die Anzahl der Ausbildungsplätze zukünftig wohl auf ein eher recht überschaubares Maß zurückgehen würde, sodass die meisten hier in der Klasse bei den bisher gezeigten Leistungen wohl eher Stammkunden bei der Agentur für Arbeit würden.

Jennifer versucht Nils zu beruhigen und deutet an, dass der Lehrer halt ziemlich genervt war und dann aus der Emotion heraus so ein Ding losgelassen hätte. Außerdem müsste Nils doch eigentlich wissen, wie dieser Typ von Lehrer in solchen Situationen tickt. Nils aber lässt sich nicht beruhigen. Schließlich habe er gestern Abend noch mit seinen Eltern über den Vorfall gesprochen und selbst sein Vater, Bankkaufmann von Beruf, hätte angedeutet, dass dieser Lehrer, zumindest was die Konjunkturprognosen betrifft, wohl Recht hätte.

In diesem Moment setzt sich ihr Mitschüler Arne an den Tisch. Er grinst über das ganze Gesicht und deutet an, dass die Äußerungen ihres Lehrers von gestern alles nur hohles Gequatsche seien. Vor allem die Sache mit den besagten Konjunkturprognosen wäre nichts als heiße Luft. Da müsse man nur mal ein wenig im Internet stöbern und schon hätte man in der Beziehung Klarheit. Um seine Äußerung zu untermauern, legt Arne demonstrativ ein Papier mit folgendem Text auf den Tisch:

Das zarte Pflänzchen Konjunktur

von Mag. Oliver Pohl

Konjunkturprognosen haben die Trefferwahrscheinlichkeit von Wettervorhersagen. Das hat nicht nur mit den mathematischen Formeln zu tun, sondern auch viel mit der Wirtschaftstheorie, die zugrunde gelegt wird. [...]

Kaum ein Wort beflügelt die Fantasie von Wirtschaftstreibenden und Politikern mehr als „Konjunktur". Gebannt starren sie auf die prognostizierten Vorzeichen des Auf- und Abschwungs der Welle der wirtschaftlichen Entwicklung. Die Stimmung hellt sich auf, wenn es nach oben geht, oder verfinstert sich, wenn die Gegenrichtung eingeschlagen wird. Es ist ein permanentes Auf und Ab der Gefühle, die in der Ökonomie über Investitionen, Stellenabbau oder Aufbruch in neue Märkte entscheiden.

Kläglich daneben

Dabei ist die Sache längst nicht so klar, wie es den Anschein hat, nur weil alle Welt davon redet. Unbestritten ist, dass es Zyklen gibt. Aber wie lange dauern sie? Und wann ist welche Stufe erreicht? Den ersten Rückschlag, und der saß, erlebte die damals noch junge Konjunkturforschung in den USA, als der Börsencrash und die Weltwirtschaftskrise von 1929 nicht vorausgesagt werden konnte. Die Ökonomen Arthur F. Burns und Wesley Clair Mitchell, die Urväter der amerikanischen Konjunkturforschung, hatten in den 1920er Jahren den Harvard-Indikator geschaffen, aber kläglich versagt. Daraufhin wurde es über mehrere Jahre ziemlich ruhig um die Vorhersage der wirtschaftlichen Entwicklung.

Schließlich hatte die Welt auch andere Sorgen, nachdem die Menschen im und nach dem Zweiten Weltkrieg um das nackte Überleben kämpften. Als in den 1950er Jahren sich die Lage langsam wieder zu entspannen begann, kehrte auch das Interesse zurück, sich wieder mit den Wellen der Wirtschaft zu beschäftigen. Konjunkturforschungsinstitute wurden gegründet, die, staatlich finanziert, den Blick in die Glaskugel der Zukunft der Volkswirtschaften werfen. Dabei bedient man sich aus dem Vergleich von Daten aus der Vergangenheit über die Zinsentwicklung und daraus resultierenden Investitionen bzw. dem Zusammenhang von Steuern und dem privaten Konsum. Daraus werden Konjunkturindikatoren abgeleitet.

In der Zusammenführung mit den mathematischen Formeln, die auf die volkswirtschaftliche Gesamtrechnung abstellen, ergibt sich daraus ein Wert, der im Periodenvergleich anzeigen soll, wohin die Reise geht. Das macht die Geschichte nicht unbedingt einfacher, weil oftmals noch Daten aus der staatlichen Statistik bei der Erstellung schlicht fehlen und deshalb geschätzt werden, aber das Gesamtbild wesentlich beeinflussen können. Dazu kommen dann noch zusätzlich eingefügte Faktoren zum Tragen, die die erwarteten Auswirkungen von politischen Entscheidungen in die mathematische Berechnung mit einfließen lassen sollen. Am Ende steht das erwartete Bruttoinlandsprodukt (BIP).

Und das ist meistens falsch, wie einschlägige Untersuchungen über die Treffersicherheit von Konjunkturprognosen feststellen. Seit die Branche sich im Wettlauf um die beste Prognose seit einigen Jahren auch noch bis auf die Kommastellen festlegen will, ist es überhaupt vorbei mit den Volltreffern. Dazu kommt, dass sich die Konjunkturforscher gegenseitig fest im Visier haben, weil keiner Gefahr laufen will, aus dem eingestimmten Gesamtkanon auszubrechen und sich damit dem Spott der Kollegen auszusetzen. Dafür haben nicht zuletzt auch die finanzierenden staatlichen Stellen gesorgt, die einmal im Jahr eine Gemeinschaftsprognose aller Institute fordern.

Magische Ecken

In das Reich der wirtschaftspolitischen Märchen gehört übrigens auch die These, dass die staatlichen Konjunkturforscher wegen der angenommenen Unabhängigkeit bessere Prognosen liefern als die private Konkurrenz von Banken, Versicherungen oder Verbänden. [...]

Quelle: www.wianet.at, Zugriff vom 16.11.2012.

Kompetenzorientierte Arbeitsaufträge:

1. Notieren Sie zunächst die Begriffe, deren Verständnis Ihnen Probleme bereitet. Recherchieren Sie – eventuell unter Zuhilfenahme des Internets – anschließend die Bedeutung dieser Begriffe und halten Sie die Ergebnisse schriftlich fest!

2. Nennen Sie die in dem Artikel aufgeführten Konjunkturindikatoren!

3. Beurteilen Sie auf der Basis des vorangestellten Artikels die Konjunkturindikatoren hinsichtlich ihrer Diagnose- und Prognosefähigkeit!

4. Erläutern Sie kurz, was konkret aus den Konjunkturindikatoren abgeleitet werden kann und welchen Stellenwert sie für Unternehmen wie für die Politik haben!

5. **Projekt mit regionalem Bezug:**

   Durch die örtlichen Industrie- und Handelskammern sowie lokalen Verbände werden regionale Konjunkturdaten und Konjunkturerwartungen ermittelt und veröffentlicht. Recherchieren Sie zunächst, welche Institutionen in Ihrer Region derartige Konjunkturdaten erheben und veröffentlichen. Informieren Sie sich anschließend bei diesen Stellen über die aktuellsten Datensätze und stellen Sie diese für eine Präsentation vor Ihrer Klasse zusammen!

   Entwickeln Sie auf der Basis dieser Daten gemeinschaftlich qualifizierte Empfehlungen zu Investitionsentscheidungen örtlich ansässiger Unternehmen sowie für wirtschaftspolitische Maßnahmen in Ihrer Region!

6.1 Einen idealtypischen Konjunkturverlauf beschreiben und Konjunkturindikatoren zur Prognose der wirtschaftlichen Entwicklung erläutern

6.1.1 Begriff Konjunktur und der idealtypische Konjunkturverlauf

- Die **Konjunktur** gibt Auskunft über die **wirtschaftliche Lage** eines Landes.
- Die wirtschaftliche Lage eines Landes verläuft in Wellenbewegungen, die als **Konjunkturschwankungen** bezeichnet werden.

Die nachfolgende Grafik stellt einen **idealtypischen[1] Konjunkturzyklus[2]** dar:

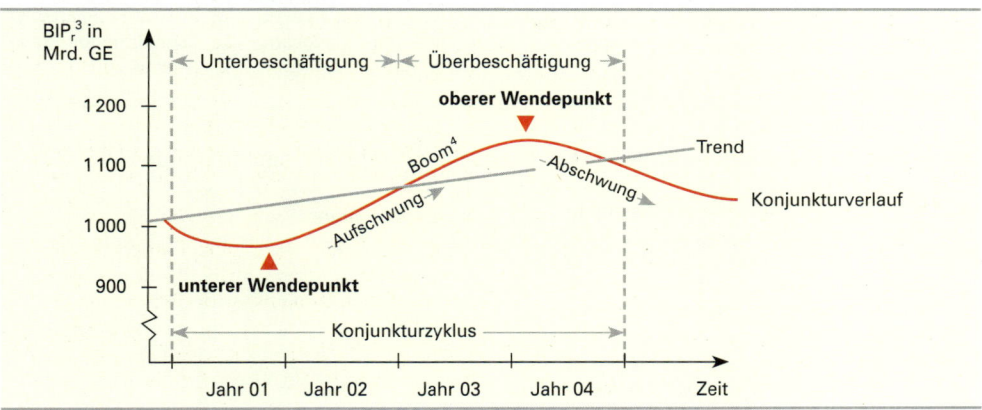

Erläuterungen:

Überblick über die Konjunkturphasen					
Konjunktur-phasen	Produktion	Arbeits-losigkeit	Lohn-entwicklung	Zinsen	Preis-entwicklung
unterer Wendepunkt (Talsohle)	auf niedrigem Niveau	hoch	mäßige Lohn-erhöhungen;	niedrig	geringere Preis-steigerungsraten;
Aufschwung	steigend	noch hoch	mäßige Lohn-erhöhungen;	noch niedrig	geringere Preis-steigerungsraten;

---

1 **Idealtypisch** (griech.-lat.): ein nur in der Vorstellung vorkommendes Modell bestimmter sich ähnelnder oder sich wiederholender Ereignisse oder Merkmale. So gab es z.B. bei den verschiedenen Konjunkturzyklen der Bundesrepublik Deutschland stets Aufschwünge, Hochkonjunkturen, Abschwünge (Rezessionen) und Tiefpunkte (untere Wendepunkte), die sich jedoch im Hinblick auf ihre Verläufe (Stärke, Dauer) unterschieden.

2 **Zyklus** (lat.): regelmäßig wiederkehrende Erscheinung, regelmäßige Folge. Zyklisch: regelmäßig wiederkehrend.

3 **BIP_r**: reales Bruttoinlandsprodukt.

4 **Boom** (engl.): kräftiger Aufschwung.

Überblick über die Konjunkturphasen					
Konjunktur-phasen	Produktion	Arbeits-losigkeit	Lohn-entwicklung	Zinsen	Preis-entwicklung
Boom (Hochkonjunktur, Überkonjunktur, Überbeschäfti-gung)	bei Konsum-gütern noch steigend; bei Investitions-gütern stag-nierend[1] oder sinkend	sinkend	kräftige Lohn-erhöhungen	steigend	hohe Preissteige-rungsraten
oberer Wendepunkt (Konjunktur-gipfel)	bei Konsum-gütern stag-nierend; bei Investitions-gütern sinkend	gleichbleibend	kräftige Lohn-erhöhungen	hoch	hohe Preissteige-rungsraten
Abschwung (Rezession, Niedergang)[2]	sinkend	steigend	mäßige Lohn-erhöhungen	langsam sinkend	abnehmende Preis-steigerungsraten

Den **tatsächlichen Konjunkturverlauf in Deutschland** zeigt die nachfolgende Grafik:

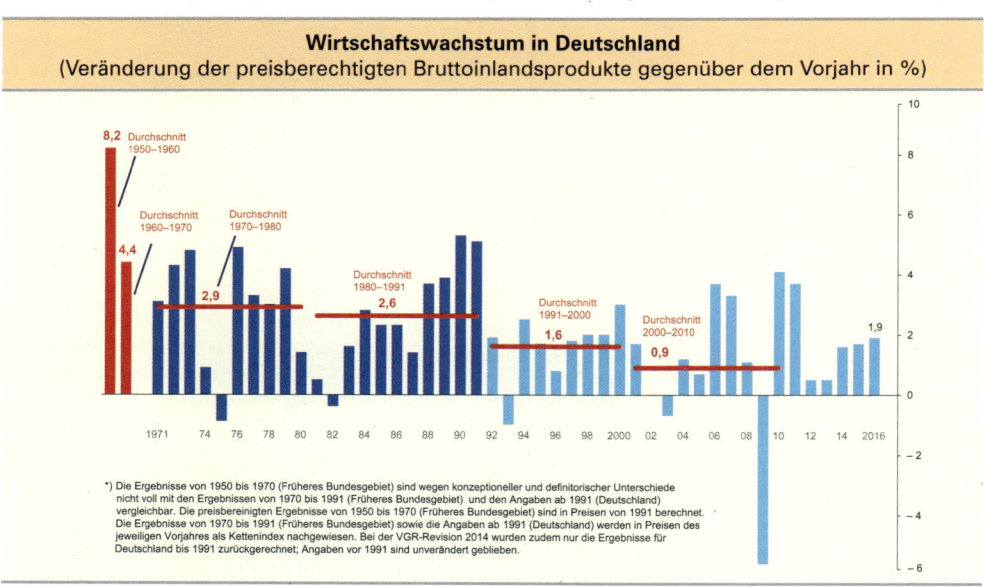

Wirtschaftswachstum in Deutschland
(Veränderung der preisberechtigten Bruttoinlandsprodukte gegenüber dem Vorjahr in %)

*) Die Ergebnisse von 1950 bis 1970 (Früheres Bundesgebiet) sind wegen konzeptioneller und definitorischer Unterschiede nicht voll mit den Ergebnissen von 1970 bis 1991 (Früheres Bundesgebiet) und den Angaben ab 1991 (Deutschland) vergleichbar. Die preisbereinigten Ergebnisse von 1950 bis 1970 (Früheres Bundesgebiet) sind in Preisen von 1991 berechnet. Die Ergebnisse von 1970 bis 1991 (Früheres Bundesgebiet) sowie die Angaben ab 1991 (Deutschland) werden in Preisen des jeweiligen Vorjahres als Kettenindex nachgewiesen. Bei der VGR-Revision 2014 wurden zudem nur die Ergebnisse für Deutschland bis 1991 zurückgerechnet; Angaben vor 1991 sind unverändert geblieben.

Quelle: Statistisches Bundesamt, Volkswirtschaftliche Gesamtrechnungen 2016, Wiesbaden 2017.

Erläuterungen:

■ Die vorangestellte Grafik zeigt, dass die wirtschaftliche Entwicklung in Deutschland durch zyklische Schwankungen gekennzeichnet ist, deren Abfolge und Stärke sich an der von Preis-einflüssen bereinigten Veränderung des Bruttoinlandsprodukts ablesen lässt.

---

1 **Stagnierend:** stocken, sich stauen; Stagnation: Stillstand.

2 Ein lang anhaltender wirtschaftlicher Tiefstand wird als **Depression** (wörtl. Niedergeschlagenheit, traurige Stimmung) bezeichnet. Die Depression ist keine konjunkturelle Erscheinung, sondern Ausdruck einer tief greifenden strukturellen **Krise**.

- Langfristig folgte die Wirtschaftsentwicklung in Deutschland einem **aufsteigenden Trend**: Durch alle Zyklen hindurch setzte sich das reale Wachstum der Wirtschaftsleistung fort. Allerdings wurden die Wachstumswellen immer flacher, die wirtschaftliche Dynamik[1] immer schwächer. Auch gab es von Mal zu Mal tiefere Konjunktureinbrüche am Ende eines Zyklus.

6.1.2 Konjunkturindikatoren zur Prognose der wirtschaftlichen Entwicklung

Konjunkturindikatoren[2] sind Daten, die den Konjunkturverlauf messen und/oder Voraussagen (Prognosen)[3] für künftige Entwicklungen zulassen.

Nachfolgend werden wichtige Konjunkturindikatoren genannt und deren Auswirkungen auf die konjunkturellen Phasen beschrieben.

Konjunkturindikatoren (Beispiele)	Mögliche Auswirkungen auf die Konjunktur
Entwicklung der Arbeitslosenquote und offenen Stellen	■ Eine **steigende Arbeitslosenquote** und **sinkende offene Stellen** zeigen an, dass die Wirtschaft unterbeschäftigt ist. Die Unternehmen werden sich bei den **Investitionen zurückhalten,** weil sie eine stagnierende oder gar zurückgehende Konsumgüternachfrage erwarten. ■ Die umgekehrte Reaktion tritt ein, wenn die Bundesagentur für Arbeit eine **steigende Zahl offener Stellen** meldet bzw. wenn die **Arbeitslosenquote zurückgeht.**
Auftragseingänge und Kapazitätsauslastung	■ **Steigende Auftragsbestände** kündigen einen **Konjunkturaufschwung** an. Die **Auslastung der Kapazität** folgt der Entwicklung der Auftragsbestände. ■ **Rückläufige Auftragsbestände** kündigen einen **Konjunkturabschwung** an.
Bruttoinlandsprodukt	■ Das Bruttoinlandsprodukt informiert über die aktuelle Entwicklung der Gesamtleistung einer Volkswirtschaft. Ist das **Bruttoinlandsprodukt** gegenüber der Vorperiode **gestiegen (gefallen),** zeigt dies eine **Konjunkturbelebung** (einen **Konjunkturrückgang**) an. ■ Schwankungen und Trends des Bruttoinlandsprodukts geben gute Hinweise auf den Verlauf der Konjunktur.
Geschäftsklimaindex[4]	■ Er wird durch die **monatliche Befragung** von Unternehmen nach der **Einschätzung ihrer Geschäftslage** sowie ihren **Erwartungen für die nächsten Monate** ermittelt. Die Ergebnisse der Befragung ermöglichen eine Voraussage über die zu erwartende konjunkturelle Entwicklung in Deutschland. ■ Ein **steigender Geschäftsklimaindex** lässt eine **Wirtschaftsbelebung,** ein **fallender Geschäftsklimaindex** eine **rückläufige Entwicklung** erwarten.

---

1 **Dynamik:** Triebkraft.

2 **Indikator:** Anzeiger.

3 **Prognose:** Voraussage, Vorausschau.

4 **Index,** hier: Messwert für eine wirtschaftliche Veränderung.

Konjunkturindikatoren (Beispiele)	Mögliche Auswirkungen auf die Konjunktur
Preisniveau	■ Während zu **Beginn** eines **Aufschwungs** das **Preisniveau** noch **relativ stabil** bleibt, kommt es mit **fortschreitendem Aufschwung** mit Blick auf die zunehmende Kapazitätsauslastung bei gleichzeitig steigender Nachfrage zu einem immer **stärker ansteigenden Preisniveau.** ■ Zu **Beginn** eines **Abschwungs** nehmen die **Preissteigerungsraten ab**. Mit **Fortschreiten** des **Abschwungs** kommt es dann jedoch zu **Preissenkungen,** die im weiteren Verlauf des Abschwungs immer höher ausfallen.

6.2 Staatliche Wirtschaftspolitik zur Beeinflussung der Konjunktur darstellen

6.2.1 Begriff Konjunkturpolitik

Die Konjunkturschwankungen erklären sich dadurch, dass die gesamtwirtschaftliche Nachfrage im Vergleich zum gesamtwirtschaftlichen Angebot mal zu gering (Talsohle) und mal zu hoch (Boom) ist. Die konjunkturpolitischen Maßnahmen sollen dem **entgegenwirken,** indem sie auf die wichtigsten Bestimmungsgrößen des gesamtwirtschaftlichen Angebots und der gesamtwirtschaftlichen Nachfrage so einwirken, dass die zyklischen Schwankungen möglichst verschwinden.

Konjunkturpolitik umfasst die Summe **wirtschaftspolitischer Maßnahmen,** die darauf ausgerichtet sind, die **Konjunktur zu glätten** und ein möglichst gleichmäßiges, **positives Wirtschaftswachstum** zu erreichen.

6.2.2 Nachfrageorientierte Konjunkturpolitik

Die **nachfrageorientierte Konjunkturpolitik** beruht auf der Annahme, dass allein der Staat die Konjunktur positiv beeinflussen kann.

■ Bei einem **Abschwung** soll der Staat die **Ausgaben erhöhen** (mehr Nachfrage schaffen), um damit die Wirtschaft anzukurbeln.

■ Bei einer **Überhitzung der Konjunktur** soll der Staat die **Ausgaben senken** (weniger Nachfrage schaffen), um damit die Konjunktur zu dämpfen.

Die nachfrageorientierte Konjunkturpolitik verlangt somit, dass der Staat bei konjunkturellen Schwankungen dem **Konjunkturverlauf entgegengerichtet** handelt. Die staatliche Konjunkturpolitik mithilfe der Einnahmen- und Ausgabenpolitik bezeichnet man als **antizyklische Fiskalpolitik.**[1]

Die **Fiskalpolitik** umfasst alle finanzpolitischen Maßnahmen des Staates, die zur **Stabilisierung der Konjunktur und des Wachstums** beitragen.

---

1 Unter **„Fiskus"** versteht man heute den Staat schlechthin, insoweit er es mit den Staatseinnahmen (vor allem Steuern), den Staatsausgaben oder dem Staatsvermögen zu tun hat („Einheit von Fiskus und Staat"). Das Wort „Fiskus" kommt aus dem Lateinischen und bedeutet Korb, Geldkorb, Kasse. Fiskalpolitik ist somit Wirtschaftspolitik mit Geldmitteln aus der „Staatskasse".
Antizyklisch: einen bestehenden Konjunkturzustand entgegenwirkend.

6.2.3 Maßnahmen zur Beeinflussung der Konjunktur

Die Fiskalpolitik kann die Nachfrager in zweierlei Hinsicht beeinflussen:

■ **direkt** über die **Erhöhung oder Senkung der Staatsnachfrage** für Waren und Dienstleistungen.

■ **indirekt,** indem auf die private Nachfrage durch **Steueränderungen** eingewirkt wird.

6.2.3.1 Erhöhung oder Senkung der Staatseinnahmen (Staatsnachfrage)

Die Staatsausgaben zur direkten Beeinflussung der Nachfrage sind so zu verändern, dass sie dem **Konjunkturverlauf entgegengerichtet** sind. Welche Maßnahmen in Abhängigkeit der konjunkturellen Lage zu ergreifen sind, zeigt die nachfolgende Übersicht:

	Private Nachfrage	Staatliche Nachfrage
Konjunktureller Aufschwung	nimmt zu	**Kürzung von Staatsausgaben** (z. B. Einstellungs- und Beförderungsstopp im öffentlichen Dienst, Verringerung der Staatsausgaben für öffentliche Investitionen). Die nachfragewirksame Geldmenge wird geringer, der Preisauftrieb wird gedämpft. — nimmt ab Der Staat erwartet, dass aufgrund dieser Maßnahme die **Nachfrage nach Konsum- und Investitionsgütern sinkt.**
Konjunktureller Abschwung	nimmt ab	**Ausweitung von Staatsausgaben.** Die nachgefragte Geldmenge wird höher, der Preisauftrieb verstärkt sich. — nimmt zu Der Staat erwartet, dass aufgrund dieser Maßnahmen die **Nachfrage nach Konsum- und Investitionsgütern steigt** und so die Arbeitslosigkeit abgebaut wird. **Beispiele:** ■ Auflegen eines öffentlichen Ausgabenprogramms. Fragt der Staat z. B. mehr Bauleistungen nach, erhöht sich die Beschäftigung in der Bauindustrie. Diese wiederum kann mehr Baumaterialien, mehr Maschinen, mehr Kraftfahrzeuge und mehr Arbeitskräfte nachfragen (Multiplikatorwirkung zusätzlicher Staatsausgaben). ■ Einführung einer Abwrackprämie z. B. für Autos; Subventionen an die Landwirtschaft. ■ Senkung der Einkommensteuer zur Erhöhung der Konsumausgaben.

5 Boller, Speth, Hartmann - ISBN 978-3-8120-0530-2

6.2.3.2 Erhöhung oder Senkung der Einkommensteuer bzw. Körperschaftsteuer

Bei der Veränderung der Steuern zur Beeinflussung des privaten Konsums und der privaten Investitionen stehen dem Staat grundsätzlich zwei Möglichkeiten zur Verfügung: Erhöhung der Einkommen-/Körperschaftsteuer oder Senkung der Einkommen-/Körperschaftsteuer.

	Private Nachfrage	Änderung der Steuern durch den Staat
Konjunktureller Aufschwung	nimmt zu	**Erhöhung der Einkommen- und Körperschaftsteuer**[1] **Ziel: Drosselung** des privaten Konsums und der privaten Investitionen. Die nachfragewirksame Geldmenge wird geringer, der Preisauftrieb wird gedämpft.
Konjunktureller Abschwung	nimmt ab	**Senkung der Einkommen- und Körperschaftsteuer** **Ziel: Belebung** des privaten Konsums und der privaten Investitionen. Die nachfragewirksame Geldmenge wird höher, der Preisauftrieb verstärkt sich.

Inwiefern die vorgestellten Maßnahmen tatsächlich zur Drosselung bzw. Belebung des privaten Konsums und der privaten Investitionen führen, ist von vielen Faktoren abhängig. So ist durchaus vorstellbar, dass die durch Steuersenkungen geschaffene Ausweitung des verfügbaren Einkommens zu großen Teilen nicht für Konsumzwecke verwendet, sondern angespart wird. Denn nicht zuletzt beeinflussen die **Zukunftserwartungen** sowohl in den Unternehmen als auch in den Haushalten das wirtschaftliche Handeln.

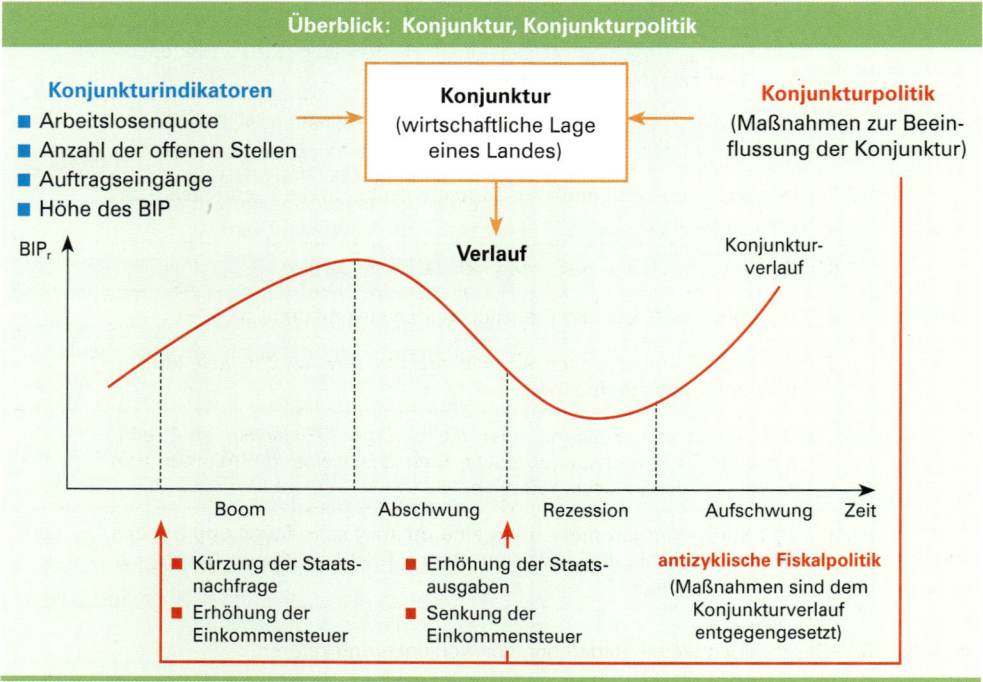

Überblick: Konjunktur, Konjunkturpolitik

Konjunkturindikatoren
- Arbeitslosenquote
- Anzahl der offenen Stellen
- Auftragseingänge
- Höhe des BIP

Konjunktur
(wirtschaftliche Lage eines Landes)

Konjunkturpolitik
(Maßnahmen zur Beeinflussung der Konjunktur)

BIP_r

Verlauf

Konjunkturverlauf

Boom | Abschwung | Rezession | Aufschwung | Zeit

- Kürzung der Staatsnachfrage
- Erhöhung der Einkommensteuer

- Erhöhung der Staatsausgaben
- Senkung der Einkommensteuer

antizyklische Fiskalpolitik
(Maßnahmen sind dem Konjunkturverlauf entgegengesetzt)

---

1 Die **Körperschaftsteuer** ist die Einkommensteuer der Kapitalgesellschaften (z. B. der GmbH).

Kompetenztraining

8

1. „Der Bundesregierung ist es nicht gelungen, die Konjunktur in den Griff zu bekommen!" Diese und ähnliche Schlagzeilen können Sie in den Tageszeitungen lesen oder in den Nachrichten hören.

   1.1 Erläutern Sie den Begriff Konjunktur!

   1.2 Wegen der Sommerferien sinkt das Bruttoinlandsprodukt um 3 % gegenüber dem gleichen Zeitraum des Vormonats. Erklären Sie, ob daraus auf einen verschlechterten Konjunkturverlauf zu schließen ist!

   1.3 Zeichnen Sie ein Schaubild mit einem idealtypischen Konjunkturverlauf!

   1.4 Zeichnen Sie in dieses Schaubild ein:

A	= oberer Wendepunkt	D	= Beginn des Booms
B	= unterer Wendepunkt	E	= Beginn einer Depression
C	= zweiter oberer Wendepunkt	F	= Beginn einer Rezession!

2. Notieren Sie aufgrund der nachfolgenden Sachdarstellungen, in welcher Phase des Konjunkturzyklus sich die Volkswirtschaft befindet! Tragen Sie bitte eine

   (1) für Aufschwung,   (3) für Rezession und

   (2) für Hochkonjunktur,   (4) für Depression ein!

   Sollte keine eindeutige Zuordnung möglich sein, tragen Sie bitte eine (9) ein!

2.1	Das Zinsniveau ist im Vergleich zu den letzten Jahren auf einem Tiefststand.	
2.2	Die Investitionsneigung der Unternehmen nimmt spürbar zu.	
2.3	Die Arbeitslosigkeit nähert sich einem Höchststand, die Investitionstätigkeit der Unternehmen ist extrem gering.	
2.4	Bei den Tarifverhandlungen sind die Gewerkschaften in diesem Jahr eindeutig in der stärkeren Verhandlungsposition.	
2.5	Im Vergleich zu der jüngeren Vergangenheit geht die Kapazitätsauslastung zurück.	
2.6	Die hohe Zahl der Arbeitslosen geht langsam zurück.	
2.7	Die Preise für Güter und Dienstleistungen steigen deutlich.	
2.8	Die Kreditinstitute stellen auch in diesem Jahr wieder viele Ausbildungsplätze zur Verfügung.	
2.9	Die Kreditinstitute klagen über die geringen Zuwächse im Kreditgeschäft für Firmenkunden sowie über das steigende Volumen von Kreditausfällen in diesem Bereich.	
2.10	Das Konjunkturbarometer zeigt eine optimistische Stimmung bei den Unternehmen an, die im Wesentlichen auf dem spürbaren Anstieg der Nachfrage basiert.	

3. 3.1 Beschreiben Sie die Bedeutung von Konjunkturindikatoren!

   3.2 Erklären Sie, inwiefern die Entwicklung der Arbeitslosenquote als Konjunkturindikator genutzt werden kann!

4. Stellen Sie dar, welche Möglichkeit staatlicher Konjunkturpolitik in nebenstehender Abbildung veranschaulicht wird!

   Begründen Sie Ihre Feststellung!

5. Der Versuch des Staates (der Regierung), durch Steuer- und Ausgabenpolitik den Konjunkturverlauf zu beeinflussen, wird als Fiskalpolitik bezeichnet. Die Fiskalpolitik sollte „antizyklisch" sein.

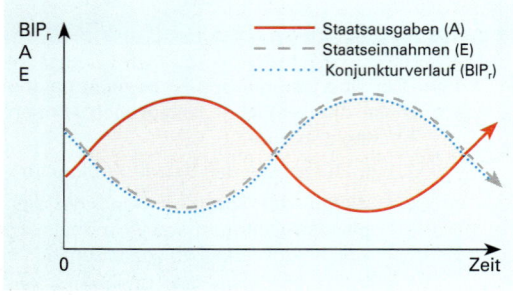

Aufgabe:

Begründen Sie die Forderung nach einer antizyklischen Fiskalpolitik!

6. Erklären Sie, wie sich eine Senkung bzw. Erhöhung der Einkommensteuer auf Ihre eigene Lebenssituation auswirkt!

7. Angenommen, die Regierung senkt im Rahmen ihrer antizyklischen Finanzpolitik die Staatsausgaben. Die Staatseinnahmen sollen unverändert bleiben.

Aufgabe:

Entscheiden Sie, wie sich die Ausgabenkürzung auf Beschäftigung und Preisniveau auswirkt! Begründen Sie Ihre Aussage!

7 Unterschiedliche Ursachen der Arbeitslosigkeit beschreiben und die aktuelle Lage auf dem Arbeitsmarkt in Deutschland untersuchen

Lernsituation 7:

Zur einführenden Auseinandersetzung mit dem Thema Arbeitslosigkeit lesen Sie zunächst nachfolgenden Artikel:

Arbeitslosigkeit erhöht die Depressionsgefahr

Arbeitslosigkeit: Ein großer Einschnitt ins Leben

Nicht für alle dieser Menschen ist die Arbeitslosigkeit gleich schlimm. Die staatliche Unterstützung ist unterschiedlich und es gibt Menschen, die die Zuversicht nicht verlieren, die in der Arbeitslosigkeit auch die Chance für einen Neuanfang sehen. Für ganz viele Betroffene ist sie aber ein großer Einschnitt. Oft sind psychische Erkrankungen wie eine Depression die Folge.

Arbeitslose häufiger von einer Depression betroffen

Die Arbeit ist also ein Hauptpfeiler des menschlichen Daseins. Und entsprechend dramatisch können die Folgen sein, wenn dieser Pfeiler wegbricht, oft von einem Tag auf den anderen. So haben Studien ergeben, dass Arbeitslose häufiger von psychischen Krankheiten wie einer Depression betroffen sind als Erwerbstätige. […]

Arbeit als Mittelpunkt des Lebens

Ein Grund für die Probleme, die Arbeitslosigkeit mit sich bringt, ist in unserer Einstellung zur Arbeit zu suchen. Arbeit muss heute nicht Pflicht sein und einzig dem Broterwerb dienen. Sie kann mit Leidenschaft erfüllt werden, sie kann Spaß und Freude machen. Sie kann spannend und herausfordernd sein. Arbeitszeitmodelle ermöglichen heute mehr Flexibilität. Und Unternehmen sind heute sehr oft auch ein Teil des sozialen Lebens der Beschäftigten. [...]

Wenn das soziale Umfeld wegbricht

Auch die Anforderung, dass Betroffene für eine neue Stelle bereit sein sollten, ihren Wohnort zu wechseln, wirkt sich negativ auf die psychische Gesundheit aus. Vor allem, wenn man eine Familie hat, ist das ein großes Problem. Bei jedem Umzug verliert man sein soziales Umfeld und muss sich ein neues aufbauen. Dabei ist ein gutes soziales Netz wichtig für Arbeitslose. Es kann ihnen helfen, eine neue Arbeit zu finden.

Ablehnung schwächt das Selbstwertgefühl

Der psychischen Gesundheit ebenfalls nicht förderlich ist die Anforderung, möglichst viele Bewerbungen in einem definierten Zeitraum zu verschicken. Werden die Vorgaben nicht eingehalten, droht eine Leistungskürzung. Viele erfolglose Bewerbungen gefährden die psychologische Gesundheit. Jede Ablehnung oder Absage gilt als Misserfolg und schwächt das Selbstwertgefühl. [...]

Textquelle (angelehnt): Myhandicap.de, Text: Patrick Gunti – 04/2012.

Kompetenzorientierte Arbeitsaufträge:

1. Nennen Sie die Gefahr der Arbeitslosigkeit, die im Mittelpunkt des vorangestellten Artikels steht!

2. Erläutern Sie kurz den Stellenwert der Arbeit in unserer modernen Gesellschaft! Gehen Sie anschließend auch darauf ein, welchen Stellenwert Arbeit in Ihrem künftigen Leben einnehmen soll!

3. Erläutern Sie kurz drei Entstehungsarten der Arbeitslosigkeit!

4. **Arbeitsvorschlag mit regionalem Bezug:**

   Eine kleine Gruppe aus der Klasse sollte in Form eines Referates die wichtigsten Informationen über den Arbeitsmarkt in Ihrer Region vorbereiten! Im Fokus der Präsentation sollte neben den üblichen Arbeitsmarktdaten (Anzahl der Arbeitslosen, Arbeitslosenquote, Entwicklung des Arbeitsmarktes in den vergangenen Jahren/Monaten) vor allem stehen, welcher Personenkreis und welche Berufsgruppen besonders von der Arbeitslosigkeit in Ihrer Region betroffen sind. Hilfreich bei der Vorbereitung wären nicht nur Informationsunterlagen der örtlichen Agentur für Arbeit, auch andere Institutionen (z.B. IHK, Gewerkschaften, Verbände) könnten Ihre Arbeit unterstützen.

7.1 Offene und verdeckte Arbeitslosigkeit

Als **arbeitslos** gilt, wer trotz **Arbeitsfähigkeit** und **Arbeitswilligkeit** nicht in einem Beschäftigungsverhältnis steht.

Die Bundesagentur für Arbeit rechnet zu den Arbeitslosen nur die Personen, die sich bei ihr oder einem Jobcenter als **arbeitslos gemeldet** haben, der **Arbeitsvermittlung zur Verfügung** stehen und **nicht arbeitsunfähig erkrankt** sind. Da die Arbeitslosigkeit amtlich registriert ist, spricht man von **offener Arbeitslosigkeit**.

Neben der registrierten Arbeitslosigkeit gibt es auch noch eine nicht registrierte Arbeitslosigkeit **(verdeckte Arbeitslosigkeit)**. Hierzu zählen z. B.:

- Arbeitnehmer, die die Stelle wechseln und zwischen den beiden Arbeitsstellen einen kurzen Zeitraum überbrücken, ohne sich arbeitslos zu melden.

- Frauen, die nach der Elternzeit weiterhin zu Hause bleiben, um für die Kinder da zu sein und sich dabei nicht arbeitslos melden.

- Personen, die an einer Fortbildungsmaßnahme teilnehmen, Kurzarbeiter, Personen in Umschulungen oder in „Ein-Euro-Jobs".

Die Arbeitslosigkeit in Deutschland ist im vergangenen Jahr weiter gesunken. Waren im Jahresdurchschnitt 2015 noch rund 2,79 Millionen Männer und Frauen arbeitslos gemeldet, so waren es im vergangenen Jahr mit 2,69 Millionen rund 100 000 weniger. Die Quote sank von 6,4 (2015) auf 6,1 % (2016). In Westdeutschland waren im Jahresdurchschnitt 1,98 Millionen Menschen arbeitslos gemeldet, dies entsprach einer Quote von 5,6 %. Im Osten waren es rund 712 000; damit lag die ostdeutsche Jahresquote bei 8,5 % (2015: 9,2 %). Die höchsten Arbeitslosenquoten hatten Bremen und Berlin mit 10,5 bzw. 9,8 %; auch Mecklen-

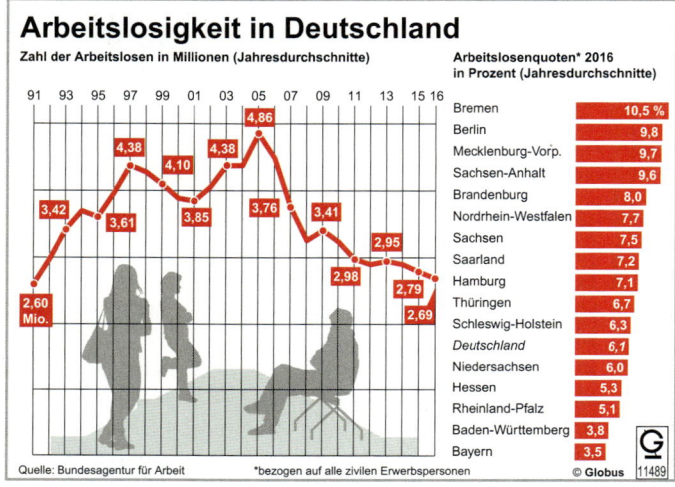

burg-Vorpommern und Sachsen-Anhalt hatten eine Neun vor dem Komma. Die geringste Arbeitslosigkeit gab es in Baden-Württemberg und Bayern mit Quoten unter vier Prozent. Für 2017 erwarten Wirtschaftsforscher keine nennenswerte Veränderung bei der Arbeitslosigkeit. Anders wird die Entwicklung bei der Zahl der Beschäftigten eingeschätzt: Sie soll 2017 auf rund 44 Millionen steigen (2016: 43,4 Millionen Erwerbstätige).

7.2 Ursachen der Arbeitslosigkeit

(1) Friktionelle[1] Arbeitslosigkeit

Durch Wechsel des Arbeitsplatzes, Umstrukturierungen in den Unternehmen und durch die oft zeitaufwendige Suche nach einer angemessenen Beschäftigung bleibt auch in Zeiten der Vollbeschäftigung eine niedrige Arbeitslosenquote erhalten. Die Tatsache, dass Leute eine Arbeit aufgegeben und eine andere noch nicht aufgenommen haben, führt sozusagen zu „Reibungsverlusten" auf dem Arbeitsmarkt.

(2) Nachfrageschwankungen

Kurz- und mittelfristige Nachfrageschwankungen können die Zahl der Arbeitslosen erhöhen oder verringern. Kurzfristige Nachfrageschwankungen sind i. d. R. saisonal,[2] mittelfristige i. d. R. konjunkturell bedingt. Man unterscheidet deshalb auch zwischen **saisonaler** (saisoneller) und **konjunktureller Arbeitslosigkeit**.

---

1 **Friktio** (lat.): Reibung.

2 **Saison** (frz.): Hauptbetriebszeit.

Saisonale Arbeitslosigkeit	Als saisonale Arbeitslosigkeit werden die durch den Wechsel der Jahreszeiten hervorgerufenen Beschäftigungsrückgänge bezeichnet. Wirtschaftszweige, die unter saisonaler Arbeitslosigkeit leiden, sind z. B. das Baugewerbe, die Landwirtschaft oder das Hotel- und Gaststättengewerbe. Um die wahre Entwicklung auf dem Arbeitsmarkt beurteilen zu können, müssen die Arbeitslosenzahlen um die saisonal bedingten Einflüsse bereinigt werden.
Konjunkturelle Arbeitslosigkeit	Die konjunkturelle Arbeitslosigkeit wird durch die Beschäftigungsschwankungen im Verlauf eines Konjunkturzyklus verursacht. Sie ist, soweit sie auf „normale" konjunkturelle Ausschläge zurückzuführen ist, wirtschaftspolitisch verhältnismäßig unproblematisch, weil sie im Laufe eines Konjunkturaufschwungs mehr oder weniger „automatisch" abgebaut wird.

(3) Strukturelle Arbeitslosigkeit

Die auf den wirtschaftlichen und technischen Wandel zurückzuführende Arbeitslosigkeit bezeichnet man als **strukturelle Arbeitslosigkeit.** Betroffen sind vor allem die Beschäftigten solcher Branchen (Wirtschaftszweige),

- die an wirtschaftlicher Bedeutung verlieren,
- die neue und arbeitssparende Techniken einführen und
- die langfristige Anpassungsschwierigkeiten erleiden.

Die strukturelle Arbeitslosigkeit ist im Gegensatz zur saisonalen oder konjunkturellen Arbeitslosigkeit langfristiger Natur und wird auch im wirtschaftlichen Aufschwung überhaupt nicht oder nur geringfügig abgebaut **(Sockelarbeitslosigkeit).** Der Arbeitsmarkt befindet sich dauerhaft im Ungleichgewicht. Das Arbeitsangebot ist größer als die Arbeitsnachfrage.

Die Sockelarbeitslosigkeit ist dadurch gekennzeichnet, dass sie sich von Konjunkturrückgang zu Konjunkturrückgang – so jedenfalls die bisherige Entwicklung – verstärkt. Dies ist u. a. damit zu erklären, dass bei hoher Arbeitslosigkeit die Arbeitgeber bei der Einstellung neuer Arbeitskräfte immer anspruchsvoller werden. Die **Wiederbeschäftigungschancen** für **weniger qualifizierte** Personen werden entsprechend geringer. Die Folge ist, dass sich bei diesen Personen die Zeit der Arbeitslosigkeit verlängert **(Langzeitarbeitslosigkeit).**

7.3 Beschäftigungspolitische Maßnahmen (Beispiele)

7.3.1 Bekämpfung der konjunkturellen Arbeitslosigkeit

Maßnahmen	Beispiele
Staatliche Maßnahmen	- **Erhöhung der Staatsausgaben** bzw. **Senkung der Staatseinnahmen** z. B. durch Steuersenkungen.[1] - **Auflegen von Beschäftigungsprogrammen.** Hierbei handelt es sich um einmalige Ausgaben für solche Wirtschaftszweige, von denen starke nachfragewirksame Impulse[2] auf die Gesamtwirtschaft ausgehen. Eine solche „Schlüsselindustrie" ist z. B. die Bauwirtschaft. Die

1 Dies sind Maßnahmen der Fiskalpolitik. Vgl. hierzu S. 65f.

2 **Impuls** (lat.): Anstoß, Anreiz.

Maßnahmen	Beispiele
	Wirkung solcher zusätzlichen „Konjunkturspritzen" ist jedoch zweifelhaft. Kritiker meinen, dass sie allenfalls ein Strohfeuer auslösen. Sie sind sogar von Nachteil, wenn der Staat verschuldet ist.
Maßnahmen der Europäischen Zentralbank	Die **Europäische Zentralbank**[1] hat das alleinige Recht zur Ausgabe von Banknoten und kann damit, in Verbindung mit anderen Maßnahmen die **Geldmenge steuern.** Erhöht sie die Geldmenge und/oder senkt sie die Zinssätze, schafft sie die Voraussetzungen zur **Erhöhung der gesamtwirtschaftlichen Nachfrage.** Eine erhöhte Nachfrage stärkt die Konjunktur, wodurch neue Arbeitsplätze geschaffen werden können. Mithilfe der **Geldpolitik** kann die Europäische Zentralbank den **Verlauf der Konjunktur beeinflussen**[2] und damit **indirekt** die **Höhe der Arbeitslosigkeit.**

> Eine **konjunkturelle Arbeitslosigkeit** kann mithilfe der **Fiskalpolitik des Staates** und der **Geldpolitik der Europäischen Zentralbank** durch eine **Erhöhung der gesamtwirtschaftlichen Nachfrage** bekämpft werden.

7.3.2 Bekämpfung der strukturellen Arbeitslosigkeit

(1) Lohnnebenkosten senken

Die Abgaben zur Sozialversicherung sind an die Lohnzahlung gebunden. Die Arbeitskosten werden durch steigende Sozialversicherungsabgaben verteuert, was dazu führen kann, dass menschliche Arbeit durch Maschinen ersetzt wird. Der Staat kann dazu beitragen, die Arbeitskosten zu senken, indem er dafür sorgt, dass die gesetzlichen Sozialversicherungsbeiträge der Arbeitgeber gesenkt werden.

(2) Arbeitsförderungsmaßnahmen ergreifen

Liegen die Marktlöhne **unter dem Niveau der sozialen Grundsicherung,** können **an die Arbeitgeber Lohnkostenzuschüsse** aus den staatlichen Kassen bezahlt werden **(Kombilohn).**[3] Man erwartet aufgrund der sinkenden Lohnkosten eine Zunahme der Nachfrage nach Arbeitskräften.

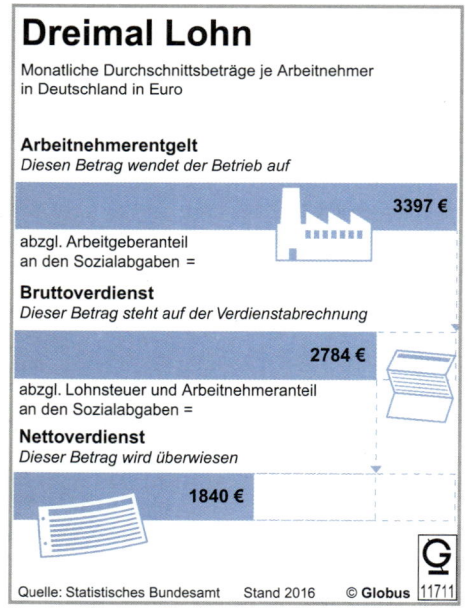

Dreimal Lohn

Monatliche Durchschnittsbeträge je Arbeitnehmer in Deutschland in Euro

Arbeitnehmerentgelt
Diesen Betrag wendet der Betrieb auf

3397 €

abzgl. Arbeitgeberanteil an den Sozialabgaben =

Bruttoverdienst
Dieser Betrag steht auf der Verdienstabrechnung

2784 €

abzgl. Lohnsteuer und Arbeitnehmeranteil an den Sozialabgaben =

Nettoverdienst
Dieser Betrag wird überwiesen

1840 €

Quelle: Statistisches Bundesamt   Stand 2016   © Globus 11711

---

1 Vgl. fakultative Inhalte, Kapitel 2, S. 93 ff.

2 Vgl. hierzu die Ausführungen in Kapitel 6.1.

3 **Kombilöhne:** Abkürzung von Kombinationslohn. Kombination (lat.): Zusammenstellung.

Eine weitere Form des Kombilohns ist die unmittelbare **Aufstockung von Niedriglöhnen** mit Mitteln aus öffentlichen Kassen: Wenn das Einkommen von Erwerbstätigen nicht ausreicht, ihren Grundbedarf zu decken, haben sie Anspruch auf Arbeitslosengeld II bis zur Höhe der Grundsicherung.[1]

Durch eine **aktive Arbeitsmarktpolitik** versucht die Bundesagentur für Arbeit Arbeitslosigkeit zu verhindern, z. B. durch Zahlung von Kurzarbeitergeld, Förderung der beruflichen Fortbildung, Umschulungsmaßnahmen, Berufsberatung, Zahlung eines Gründungszuschusses für Existenzgründungen.

(3) Arbeitsmarkthemmnisse beseitigen

Um den Eintritt von Arbeitslosen in den Arbeitsmarkt zu erleichtern, ist es hilfreich, wenn Tarifverträge so gestaltet werden, dass

- bei der Lohnhöhe die jeweilige Beschäftigungslage der Betriebe berücksichtigt wird,
- die arbeits- und sozialrechtlichen Vorschriften gelockert werden,
- flexible Arbeitszeiten möglich sind,
- Qualifizierungsmaßnahmen für Langzeitarbeitslose verstärkt werden,
- der finanzielle Abstand zwischen staatlichen Sozialleistungen und Arbeitslohn so erweitert wird, dass sich eine Beschäftigung bei niedrigerem Einkommen lohnt usw.

(4) Investitionen in Bildung tätigen, um Arbeitslosigkeit zu vermeiden

Wie Studien mittlerweile belegen, besteht bei Personen mit **geringer Qualifikation** ein wesentlich **höheres Risiko**, arbeitslos zu werden, als bei Personen mit weiterführender Ausbildung. Bei Jugendlichen ist das Risiko der Arbeitslosigkeit aufgrund mangelnder Bildung sogar um ein Vielfaches höher, als bei Erwachsenen. So verwundert es nicht, dass der Bildungspolitik im Zusammenhang mit der Bekämpfung der Arbeitslosigkeit eine besondere Rolle zufällt.

> **Bildungskosten** sind keine Kosten, sondern eine **Investition** in die Zukunft, die sich für den Einzelnen, für die Unternehmen, für den Staat und die Sozialkassen rechnet.

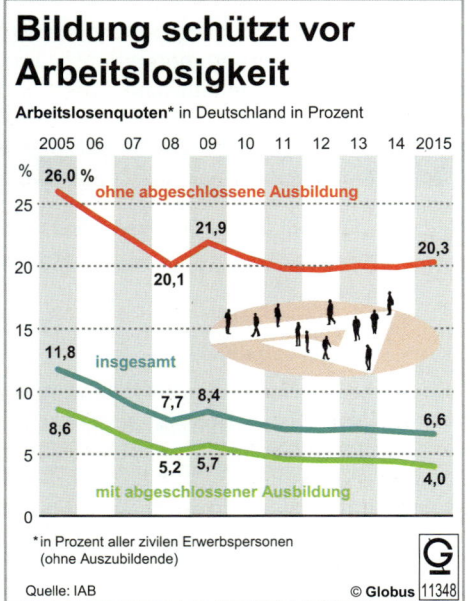

Bildung schützt vor Arbeitslosigkeit

Arbeitslosenquoten* in Deutschland in Prozent

2005 06 07 08 09 10 11 12 13 14 2015

ohne abgeschlossene Ausbildung: 26,0 %, 20,1, 21,9, 20,3

insgesamt: 11,8, 7,7, 8,4, 6,6

mit abgeschlossener Ausbildung: 8,6, 5,2, 5,7, 4,0

*in Prozent aller zivilen Erwerbspersonen (ohne Auszubildende)

Quelle: IAB

© Globus 11348

Wenn Deutschland seine Investitionen in Bildung nicht entsprechend erhöht, wird es schwierig, die künftigen Herausforderungen erfolgreich zu bewältigen. Aufgrund des demografischen Wandels tut sich schon bis zum Jahr 2020 eine große Lücke an qualifizierten Fachkräften auf, die man zur Sicherung des derzeitigen Wachstums- und Wohlstandsniveaus dringend bräuchte. Hinzu kommt, dass eine alternde und demografisch schrumpfende Gesellschaft wie die deutsche künftig über immer weniger Erwerbstätige verfügt, die zugleich aber immer mehr Menschen versorgen muss.

Dieses Problem wird man nur dann lösen können, wenn es der Politik gelingt, alle Erwerbsfähigen durch möglichst hohe Qualifikationen zu höherer Wertschöpfung zu befähigen. Zudem müssen bildungspolitische Weichenstellungen vorgenommen werden, die für einen breiten Nachschub an Hochqualifizierten – weit über das heutige Niveau hinaus – sorgen. Andernfalls wird man international **nicht wettbewerbsfähig** sein und weder Innovationen hervorbringen noch jenes Wachstum erzielen, das Deutschland zur Finanzierung seiner bisherigen staatlichen Leistungen braucht.

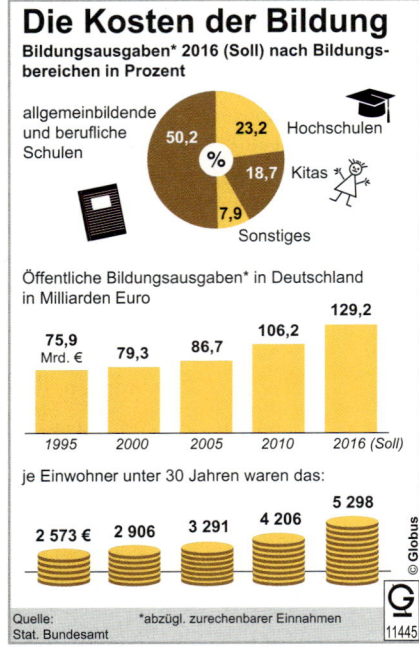

Bildung ist vergleichbar mit einem schweren Tanker, der sich nicht von heute auf morgen in eine andere Richtung manövrieren lässt: Was heute investiert wird, zahlt sich erst Jahre später für die Gesellschaft aus.

Kompetenztraining

9
1. Erklären Sie die Begriffe friktionelle, konjunkturelle und strukturelle Arbeitslosigkeit!

2. Erläutern Sie, warum die Sockelarbeitslosigkeit von Konjunkturzyklus zu Konjunkturzyklus zunimmt!

3. 3.1 Recherchieren Sie, welche Personengruppen in der Arbeitslosenstatistik nicht registriert werden!

   3.2 Erläutern Sie, welche Konsequenzen sich daraus ergeben!

4. Erkunden Sie die Folgen der Arbeitslosigkeit für die Volkswirtschaft als Ganzes!

5. „Durch die Deregulierung des Arbeitsmarktes kann die Zahl der Arbeitslosen gesenkt werden."

   Aufgabe:

   Recherchieren Sie den Begriff Deregulierung des Arbeitsmarktes und beschreiben Sie die Auswirkungen einer solchen Forderung auf den Arbeitsmarkt!

6. Diskutieren Sie im Klassenverband die im Lehrbuch angeführten Vorschläge zur Bekämpfung der strukturellen Arbeitslosigkeit! Sammeln Sie zunächst in kleinen Gruppen Pro- und Kontraargumente für die anstehende Diskussion!

7. Textauszug:

Das dänische Arbeitsmarktmodell

KOPENHAGEN. „Flexicurity" heißt das Schlüsselwort für das dänische Arbeitsmarktmodell: die Kombination aus hoher Flexibilität und der für die Arbeitnehmer nötigen Sicherheit. Sie gilt als Grundpfeiler für die hohen Exportüberschüsse, die schwarzen Zahlen im Staatshaushalt und für die Arbeitslosenquote in Höhe von nur vier Prozent.

Der dänische Ansatz mixt die liberalen Regeln des anglosächsischen mit der sozialen Sicherheit des mittel- und nordeuropäischen Systems. Der Kündigungsschutz ist minimal, Kündigungsfristen für Arbeiter sind nicht existent, für Angestellte meist nur wenige Wochen. Heuern und feuern ist problemlos. Der Vorteil ist die Flexibilität. Unternehmen können sich den Marktbedingungen anpassen und müssen nicht lange kalkulieren, ob sie sich neue Mitarbeiter leisten können. Geht es wieder bergab, können diese rasch wieder entlassen werden.

Den Nachteil für die Arbeitnehmer federt einerseits das relativ hohe Arbeitslosengeld ab, andererseits ein feinmaschiges Netz an Maßnahmen, das die Betroffenen wieder zurück auf den Arbeitsmarkt bringen soll. Statt Jobsicherheit gibt es soziale Sicherheit. Das Arbeitslosengeld beträgt maximal 90 % des letzten Einkommens, allerdings nur bis zu einer Höchstgrenze von brutto 1 950,00 EUR im Monat.

Das System ist also vor allem auf niedrige Einkommen zugeschnitten, Besserverdienende müssen erhebliche Einbußen verkraften. Das Arbeitslosengeld wird bis zu vier Jahre lang bezahlt, doch statt passiver Versorgung steht aktive Arbeitssuche und Arbeitsbeschaffung im Vordergrund.

Jeder Arbeitslose hat das Recht auf einen individuellen Jobplan mit Weiterbildung und im Ausnahmefall auch Jobs mit Lohnzuschuss. Er hat aber auch die Pflicht, jede angebotene Beschäftigung anzunehmen, sonst droht der Entzug der Stütze. Die Daten sind in der Jobbank der Arbeitsvermittlung gespeichert, aktive Arbeitssuche ist eine Voraussetzung für das Arbeitslosengeld.

Das System hat geholfen, selbst Massenkündigungen in der Textilindustrie, Werften oder Schlachthäusern aufzufangen. Der Idealfall: Dank der Weiterbildung kehren die Entlassenen als besser qualifizierte Mitarbeiter auf den Arbeitsmarkt zurück.

Das Modell kostet Geld. Hohe Steuern für seine Finanzierung und ein moderner, gut funktionierender öffentlicher Sektor sind eine Voraussetzung für sein Funktionieren. Nur den Kündigungsschutz herauszupicken, ohne auch Arbeitsvermittlung, Fortbildung und Steuersystem anzupassen, hat nicht viel mit dem „dänischen Modell" zu tun.

Quelle: Gamillscheg, H.: Feuern und heuern? Vorbild für Deutschland, in: Badische Zeitung vom 6. November 2006.

Aufgaben:

7.1 Erläutern Sie, welche Instrumente das dänische Arbeitsmarktmodell einsetzt!

7.2 Viele deutsche Politiker glauben, dass Wirtschaftswachstum der wichtigste Faktor ist, die Arbeitslosigkeit zu bekämpfen. Nehmen Sie hierzu Stellung!

8. Zeichnen Sie eine normale Arbeitsangebotskurve und eine normale Arbeitsnachfragekurve nach dem Preisbildungsmodell des vollkommenen Polypols und beantworten Sie folgende Fragen:

Aufgaben:

8.1 Erläutern Sie, wie sich eine normale Arbeitsangebotskurve und wie sich eine normale Arbeitsnachfragekurve erklären lässt!

8.2 Erläutern Sie, welche Folgen sich ergeben, wenn der Mindestlohn

    8.2.1 unter dem Gleichgewichtslohn (Marktpreis der Arbeit) und

    8.2.2 über dem Gleichgewichtslohn liegt!

8.3 Stellen Sie grafisch dar, wie sich eine Verkürzung der Arbeitszeit (z. B. der Wochenarbeitszeit) auf den Marktlohn auswirkt!

8 Problemfelder der sozialen Marktwirtschaft erkennen und Subventionen sowie Transferzahlungen als staatliche Maßnahmen der Wirtschaftspolitik bewerten

Lernsituation 8:

Melissa ist im Anschluss an ihre Ausbildung zur Köchin von Stuttgart nach Titisee-Neustadt gezogen. Dort arbeitet sie seit nunmehr drei Monaten in einem kleinen Ausflugslokal. Da sie an Wochenenden zumeist arbeiten muss, freut sie sich umso mehr, dass sie nun endlich einmal ein freies Wochenende hat und ihre alte Schulfreundin Jule aus Stuttgart zu Besuch kommt.

Nachdem es sich die beiden Freundinnen in einem schönen Biergarten gemütlich gemacht haben, erzählt Jule ausgiebig von ihrem anstrengenden Studium in Stuttgart. Dabei klagt sie über die vielen Vorlesungen und das äußerst anstrengende Lernen. Zudem seien die Hörsäle viel zu voll, die Uni – vor allem die Bibliothek – viel zu schlecht ausgestattet. Hier müsse der Staat viel mehr machen. Vor allem beschwert sie sich aber darüber, wie schwierig es ist, mit ca. 700,00 EUR BAföG[1] und eigener Wohnung in Stuttgart bei wahrscheinlich künftig stark steigenden Mieten finanziell klarzukommen. Schließlich meint Jule, dass es Melissa da ja wohl viel besser getroffen habe. Einerseits wohne sie nicht in einer teuren Großstadt und gleichzeitig würde sie ja bestimmt Einiges mehr verdienen als sie.

Melissa, die bisher geduldig zugehört hat, schüttelt energisch den Kopf und antwortet: *„Da hast du aber vollkommen falsche Vorstellungen. Hier in Titisee-Neustadt ist die Miete ziemlich hoch und wegen der vielen Touristen ist auch alles ziemlich teuer. Tja, und was mein Chef mir so zahlt, davon kann ich auch nicht reich werden. Ich arbeite jede Woche mindestens 40 Stunden und bekomme dafür 1 200,00 EUR brutto im Monat. Zieht man die Sozialversicherung ab, habe ich netto nicht sehr viel mehr als du."*

Jule sieht Melissa verständnislos an und behauptet: *„Das kann ja wohl überhaupt nicht sein. Dann bekommst du ja weniger als 8,00 EUR brutto die Stunde, und das ist doch mittlerweile in Deutschland gesetzlich verboten. Ich denke, dass dein Chef dich da gehörig über den Tisch zieht! Du solltest gleich am Montag mal eine kräftige Gehaltserhöhung und eine Nachzahlung einfordern. Hast Du das denn wirklich nicht gewusst?"*

Melissa entgegnet: *„Du hast gut reden. Du weißt ja gar nicht, wie froh ich damals war, überhaupt einen Job zu bekommen. Und als mein Chef mir beim Vorstellungsgespräch die Lohnhöhe nannte, fügte er gleich hinzu: ‚Wenn Sie den Job nicht machen wollen, nehme ich halt jemand anderen. Es stehen genug Jobsuchende Schlange!'"*

Nachdem Jule kurz nachgedacht hat, antwortet sie: *„Das kann der doch nicht machen, das ist doch total ungerecht!"*

Daraufhin platzt Melissa der Kragen und sie entgegnet: *„Du redest von ungerecht? Meine Schwester bekommt im Gegensatz zu dir kein BAföG für ihr Studium. Dann jammerst du darüber, dass der Staat mehr Geld für die Unis ausgeben soll und zu guter Letzt beklagst du dich vollkommen zu Unrecht über künftig stark steigende Mieten in Stuttgart. Dabei hat mir mein Papa erst kürzlich erzählt, dass er für die vermietete Wohnung in seinem Haus in Stuttgart die Miete nicht wie geplant um 20 % erhöhen durfte, weil der Staat das verbietet. Tja und deshalb kann er jetzt nur meine Schwester im Studium und nicht noch mich finanziell unterstützen."*

---

1 BAföG ist die Abkürzung für „Bundesausbildungsförderungsgesetz". Mit dem BAföG stellt der Staat Mittel für eine Ausbildung zur Verfügung, soweit weder die Eltern/Ehepartner/Partner noch die/der Studierende selbst für den Lebensunterhalt und die Ausbildungskosten aufkommen können. BAföG-Zahlungen werden grundsätzlich zu 50 Prozent als Zuschuss und zu 50 Prozent als unverzinsliches Darlehen gewährt.

Kompetenzorientierte Arbeitsaufträge:

1. Recherchieren Sie, seit wann es in der Bundesrepublik Deutschland einen gesetzlichen Mindestlohn gibt und wie hoch dieser aktuell ist!

2. Begründen Sie, ob es sich bei der staatlichen Festsetzung des Mindestlohns um einen marktkonformen oder um einen marktkonträren Staatseingriff handelt!

3. Beurteilen Sie die Situation von Melissa bezüglich ihres Arbeitsverhältnisses unter marktwirtschaftlichen und rechtlichen Gesichtspunkten!

4. Nennen Sie jeweils drei Argumente pro und contra Mindestlohn!

5. Recherchieren Sie, ob in Deutschland – so wie von Melissa behauptet – nicht jeder Student BAföG erhält!
   Beurteilen Sie anschließend diesen Eingriff des Staates in die Förderung von Ausbildung!

6. Jule fordert eine bessere Ausstattung der Universität. Beurteilen Sie, um welche Form des Markteingriffes es sich bei dieser Forderung handelt!

7. Recherchieren Sie, warum Melissas Vater die Miete nicht beliebig erhöhen darf und beurteilen Sie diese Form des Markteingriffs!

8. Bilden Sie Arbeitsgruppen und sammeln Sie zu den folgenden aktuellen Problemfeldern der sozialen Marktwirtschaft Material aus Zeitschriften und aus dem Internet:

   - wirtschaftsethisches Fehlverhalten
   - Überlastung des sozialen Netzes
   - Abgaben- und Steuerbelastung
   - Umweltbelastung
   - Globalisierung

Stellen Sie anhand von zwei Beispielen zu Ihrem jeweiligen Themenbereich Ihre Ergebnisse der Lerngruppe vor! Legen Sie im Rahmen Ihrer Präsentation dar, worin Sie jeweils die Funktionsfähigkeit der Wirtschaftsordnung „soziale Marktwirtschaft" beeinträchtigt sehen und schlagen Sie passende Lösungsansätze vor!

8.1 Ausgewählte Problemfelder der sozialen Marktwirtschaft erkennen

Ende der achtziger Jahre haben die kapitalistischen Marktwirtschaften – und mit ihnen die soziale Marktwirtschaft – den Wettbewerb mit der sozialistischen Planwirtschaft gewonnen. Deshalb richtet sich der Blick viel unmittelbarer und kritischer auf die Marktwirtschaften, in der Bundesrepublik Deutschland also auf die soziale Marktwirtschaft. Und dieser drohen nicht zu unterschätzende Herausforderungen.

(1) Problemfeld „Wirtschaftsethisches Fehlverhalten"

Marktwirtschaft bedarf, soll sie funktionieren, einer bestimmten Ethik[1], deren Regeln zumindest von einer starken Mehrheit einer Gesellschaft eingehalten werden. Solche **ethischen Regeln** sind z. B.:

- geschäftliche Anständigkeit,
- Unbestechlichkeit,
- Ehrlichkeit,
- Pünktlichkeit und Zuverlässigkeit,
- Verantwortungsbewusstsein gegenüber Mitmenschen und Natur,
- Gemeinsinn.

---

1 **Ethik:** Normen und Leitlinien der Lebensführung, die sich aus der Verantwortung gegenüber anderen herleiten lassen.

> **Beispiel:**
>
> Werden private oder staatliche Aufträge nicht an die leistungsfähigsten Anbieter vergeben, sondern an solche, die die höchsten Bestechungsgelder (Schmiergelder) bezahlen, werden volkswirtschaftliche Produktionsfaktoren verschleudert. Dadurch sinkt die Produktivität; der Lebensstandard nimmt ab. Außerdem wird der Preismechanismus außer Kraft gesetzt, der die Grundlage jeder Marktwirtschaft ist. Schließlich führt die durch die Korruption bewirkte Fehllenkung der Produktionsfaktoren zu einer Schwächung der weltwirtschaftlichen Stellung eines Landes, weil die Produktionskosten vergleichsweise (gegenüber Ländern mit geringerer Korruptionsanfälligkeit) steigen. Im Übrigen ist die Korruption leistungsfeindlich: Aufträge werden nicht aufgrund einer besonderen Leistung, sondern aufgrund von Sonderleistungen erteilt.

Fehlt es also an der notwendigen **Wirtschaftsgesinnung,** wird gelogen und betrogen, dem Geschäftspartner „das Fell über die Ohren gezogen", schlechte Qualität produziert, werden Verträge nicht eingehalten, Zahlungstermine versäumt und verantwortungslose Entscheidungen getroffen, kann das System der sozialen Marktwirtschaft nicht funktionieren.

(2) Problemfeld „Überlastung des sozialen Netzes"

Gefahren drohen der sozialen Marktwirtschaft aber auch wegen der möglichen Überdehnung des sozialen Netzes, das eine Fülle von Möglichkeiten des Sozialmissbrauchs bietet. Beispiele sind die illegale Beschäftigung von Arbeitskräften, die Schwarzarbeit bei gleichzeitigem Bezug von Arbeitslosengeld oder anderen Unterstützungszahlungen und das mehrfache Abkassieren anderer Sozialleistungen.

Sozialmissbrauch schwächt das soziale Sicherungssystem der sozialen Marktwirtschaft, erhöht die Belastung der arbeitenden ehrlichen Leute, führt zu Leistungsunwillen und beeinträchtigt die Funktionsfähigkeit des Wirtschaftssystems und damit auch die soziale Leistungsfähigkeit.

(3) Problemfeld „Abgaben- und Steuerbelastung"

Auch die Belastung der arbeitenden Bevölkerungsteile findet ihre Grenzen. Eine Überlastung der arbeitenden Menschen führt zur Arbeitsunlust, weil der Anreiz zur Leistung nachlässt. Die Motivation zur **belohnten Leistung** aber ist gerade der **Motor jeder Marktwirtschaft.** Fehlt sie, greifen Pessimismus, Unterbeschäftigung und Radikalismus um sich.

Welchen Zeitraum eines Jahres die Bundesbürger mittlerweile im Durchschnitt nur für die Steuern und Abgaben arbeiten müssen, verdeutlicht der Bund der Steuerzahler anhand des jährlich neu berechneten **„Steuerzahler-Gedenktages".**

> ### Von 1 Euro bleiben nur 47,1 Cent
>
> Der Steuerzahler-Gedenktag 2016 ist am Dienstag, den 12. Juli. Nach Berechnungen des Bundes der Steuerzahler (BdSt) arbeiten die Bürger und Betriebe dann ab exakt 14:44 Uhr wieder für ihr eigenes Portemonnaie. Das gesamte Einkommen, das die Steuer- und Beitragszahler vor diesem Datum erwirtschaftet haben, wurde rein rechnerisch an den Staat abgeführt. Damit liegt die Volkswirtschaftliche Einkommensbelastungsquote im Jahr 2016 bei voraussichtlich 52,9 Prozent. Von jedem verdienten Euro bleiben also nur 47,1 Cent übrig.
>
> Nach einer repräsentativen Umfrage unseres Verbands empfindet eine Mehrheit von 77 Prozent die eigene Belastung als „zu hoch". Das ist ein klarer Auftrag an die Politik! Zu Beginn

unserer vierteljährlichen Erhebungen, im März 2015, waren es noch 63 Prozent. Wo genau und wie sehr der Staat die Bürger belastet, belegt „Das Belastungsbarometer 2016".

Deshalb gehören folgende Entlastungen für die Steuerzahler in Deutschland auf die politische Agenda [Beispiele]:

1. Schluss mit dem Soli!

Nach einem Vierteljahrhundert hat der Solidaritätszuschlag ausgedient und gehört abgeschafft – spätestens bis zum Jahr 2019, wenn die Finanzhilfen für den „Aufbau Ost" auslaufen!

Denn die Tendenz ist eindeutig: Die Soli-Einnahmen steigen, die Leistungen für die neuen Länder sinken. Allein im vergangenen Jahr nahm der Bund knapp 16 Milliarden Euro durch den Soli ein und investierte nur 6,7 Milliarden in den „Aufbau Ost". Im Jahr 2019 werden voraussichtlich knapp 19 Milliarden Euro Soli-Einnahmen nur 3,6 Milliarden Euro Ausgaben für die Ost-Länder gegenüberstehen. [...]

2. Runter mit den Wohnkosten!

Die Reform der Grundsteuer darf nicht dazu führen, dass Wohnen teurer wird! Dies würde nicht nur Eigentümer, sondern auch Mieter zusätzlich belasten. „Die Grundsteuer ist eine Volkssteuer, weil sie alle trifft", betont Holznagel. „Eine Reform darf vor allem Familien nicht mehr belasten – deshalb sollte sie mindestens aufkommensneutral sein."[...]

Hintergrund

Der Steuerzahler-Gedenktag bezieht sich auf Steuern und Abgaben, die der Staat vereinnahmt, sowie auf die EEG-Umlage und den Rundfunkbeitrag als sogenannte Quasi-Steuern. Er wird auf Grundlage der Volkswirtschaftlichen Einkommensbelastungsquote ermittelt. Dafür wird das gesamte Aufkommen aus Steuern, Quasi-Steuern und den Zwangsbeiträgen zur Sozialversicherung ins Verhältnis zum Volkseinkommen gesetzt. Diese Quote zeigt, wie sehr der Staat die Einkommen seiner Bürger und Betriebe belastet.

Quelle: Bund der Steuerzahler Deutschland e. V., 11.07.2016.

(4) Problemfeld „Umweltbelastung"

Schließlich erhebt sich die Frage, ob die soziale Marktwirtschaft in der Lage sein wird, die Umweltbelastung nachhaltig zu verringern. Der Hinweis darauf, dass in den ehemaligen sozialistischen Ländern die Umwelt noch viel rücksichtsloser und nachhaltiger ausgebeutet wurde, kann hier nicht „trösten". Die Folgen der Umweltbelastung sind mehr staatliche Vorschriften, mehr Ge- und Verbote, also mehr Kommando- als Marktwirtschaft. Hinzu kommen die Kosten für die Beseitigung der Umweltschäden. Die Gewinne der Unternehmen sinken, die Steuereinnahmen verringern sich, die staatlichen Ausgaben für konsumtive, produktive und soziale Zwecke werden gekürzt.

Nach dem Stand der Klimaforschung gilt es als sehr wahrscheinlich, dass der anthropogene, d.h. durch den Menschen verursachte Treibhauseffekt unsere Lebenswelt ganz erheblich schädigen wird. So muss damit gerechnet werden, dass, bedingt durch die Erderwärmung, der Meeresspiegel bis zum Jahr 2100 um 10 bis 90 cm ansteigt. Dies wird die Überflutung ganzer Inselstaaten und zahlreicher Küstenregionen zur Folge haben. Durch die Veränderung der Niederschläge und Verdunstungsverhältnisse wird es wahrscheinlich zu einer zunehmenden Austrocknung der Böden sowie zu einem spürbaren Rückgang der Nahrungsmittelproduktion kommen. Davon werden vor allem Entwicklungsländer betroffen sein, die ohnehin schon größte Schwierigkeiten bei der Nahrungsmittelversorgung haben. Nicht zuletzt werden mit der Klimaerwärmung auch Tropenkrankheiten in neue Regionen vordringen können.

(5) Problemfeld „Globalisierung[1] der Märkte"

Im Vergleich zum konkurrierenden Ausland zu hohe Produktionskosten (z. B. Steuerkosten, Lohnkosten, Lohnnebenkosten, Kosten des Umweltschutzes) führen dazu, dass zahlreiche Unternehmen im Ausland produzieren lassen oder ins Ausland abwandern („Global Sourcing").[2] Die Folge ist, dass vor allem in den alten Industrieländern die Arbeitslosigkeit im industriellen Sektor zunimmt.

8.2 Subventionen und Transferzahlungen als staatliche Maßnahmen der Wirtschaftspolitik bewerten

8.2.1 Marktkonforme Staatseingriffe

> Staatseingriffe, die den **Preismechanismus nicht außer Kraft** setzen, bezeichnet man als **marktkonform**.

Staatseingriffe	Auswirkungen auf die Wirtschaft	Beispiele
Erhöhung der Nachfrage *[Diagramm: P über x, Kurven N_0, N_1, A]*	■ Erhöhte Staatsnachfrage kann eine unterbeschäftigte Wirtschaft beleben. ■ Beschäftigung nimmt zu. ■ Gefahr von Preissteigerungen.	■ Erteilung von Aufträgen an Forschung, Bauwirtschaft … ■ Erhöhung von Transferzahlungen[3] an Verbraucher (Wohngeld, Kindergeld). ■ Steuersenkungen (Konsumenten können mehr Geld ausgeben).
Verringerung der Nachfrage *[Diagramm: P über x, Kurven N_1, N_0, A]*	■ Geringere Staatsnachfrage kann eine überbeschäftigte Wirtschaft dämpfen. ■ Es kommt zu Preissenkungen. ■ Gefahr der Unterbeschäftigung.	■ Zurücknahme von Staatsaufträgen. ■ Steuererhöhungen (Konsumenten können weniger Geld ausgeben). ■ Streichung/Kürzung von Transferzahlungen an Verbraucher.
Erhöhung des Angebots *[Diagramm: P über x, Kurven N, A_0, A_1]*	■ Staatsbetriebe erhöhen ihr Angebot. ■ Dämpft die Preissteigerungen. ■ Gefahr der Überproduktion, wenn Preissenkungen ausbleiben und die Konsumenten nicht mehr kaufen können.	■ Erhöhte Leistungen z. B. von Forschungsanstalten, Wohnbaugesellschaften. ■ Zollsenkungen, um das Angebot an Waren im Inlandsmarkt zu erhöhen. ■ Erhöhung der Subventionen[4] an Produktionsbetriebe.

---

1 **Globalisierung:** erdweite Öffnung der Märkte (**Globus:** Kugel, Erdkugel).

2 **Global Sourcing** (engl.): wörtlich „Erdausschöpfung", d. h. erdweit die (günstigsten) Quellen suchen.

3 **Transferzahlungen** sind Geldleistungen öffentlicher Haushalte **an private Haushalte** ohne Gegenleistung.

4 **Subventionen** sind Geldleistungen öffentlicher Haushalte **an Unternehmen** ohne Gegenleistung.

6 Boller, Speth, Hartmann - ISBN 978-3-8120-0530-2

Staatseingriffe	Auswirkungen auf die Wirtschaft	Beispiele
Verringerung des Angebots	■ Geringeres Staatsangebot kann eine überbeschäftigte Wirtschaft dämpfen. ■ Verhinderung einer Überproduktion. ■ Gefahr der Unterbeschäftigung (Arbeitslosigkeit) und Preissteigerungen.	■ Verringerung des staatlichen Angebots an Sachgütern und Dienstleistungen. ■ Zollerhöhungen, um das Güterangebot im Inland zu verringern. ■ Erhöhung von Steuern, die die Unternehmen zahlen müssen (z. B. Gewerbe-, Umsatzsteuer). ■ Streichung von Subventionen an Unternehmen.

Gemeinsam ist bei allen marktkonformen Maßnahmen, dass sie lediglich **Anreize geben,** aber **nicht** zu einem **bestimmten Verhalten zwingen.**

8.2.2 Marktkonträre Staatseingriffe

Staatseingriffe, die den **Preismechanismus außer Kraft** setzen, bezeichnet man als **marktkonträr.**

Wichtige **Instrumente für marktkonträre Maßnahmen** sind:

- **Höchstpreise,** die nicht überschritten werden dürfen.
- **Mindestpreise,** die nicht unterschritten werden dürfen.
- **Festpreise,** die weder unter- noch überschritten werden dürfen.

(1) Höchstpreise

Höchstpreise liegen in der Regel **unter** dem Preis, der sich bei freier Preisentwicklung ergeben würde. Sie dienen dem **Schutz der Verbraucher.** Ist der Höchstpreis so niedrig, dass ein Teil der Unternehmen nicht mehr

Beispiel:

Höchstmieten im sozialen Wohnungsbau.

kostendeckend produzieren kann, ist die **Wirtschaft unterversorgt.** Ein **Teil der Nachfrage** kann **nicht befriedigt** werden.

Dies zwingt den Staat zu einer Reihe weiterer Maßnahmen zur Beeinflussung der Güterverteilung, wie beispielsweise die Einführung eines **Zuteilungssystems** (z. B. durch Bezugsscheine, Wartelisten). Des Weiteren muss der Staat versuchen, die aus der Unterversorgung der Nachfrager typischerweise resultierende Gefahr des **Schwarzmarkthandels** einzudämmen.

(2) Mindestpreise

Mindestpreise liegen **über** dem Preis, der sich bei freier Preisentwicklung ergeben würde. Sie dienen dem **Schutz des Produzenten.** Durch den Mindestpreis werden die Produzenten zur Mehrproduktion angeregt. Dies führt regelmäßig zu einem **Angebotsüberschuss.**

Auch bei den Mindestpreisen ist der Staat zu einer Reihe weiterer Maßnahmen zur Verringerung der überschüssigen Güterproduktion gezwungen. So kann er beispielsweise bei lagerfähigen Gütern den **Angebotsüberschuss aufkaufen und einlagern.** Hierdurch entstehen allerdings **Güterberge** (z.B. Milchberg, Butterberg, Kohleberg), die zudem wegen der Lagerung weitere Kosten verursachen. Des Weiteren könnte der Staat aufgekaufte **Angebotsüberschüsse** – insbesondere von verderblicher Ware – **vernichten** oder die **Überproduktion durch Prämien** (z.B. Stilllegungs- oder Abschlachtprämien) **drosseln.**

(3) Festpreise

Festpreise können **über** oder **unter** dem Preis liegen, der sich bei freier Preisentwicklung ergeben würde. Liegt der Festpreis über dem Gleichgewichtspreis, wirkt er wie ein **Mindestpreis;** liegt er darunter, wirkt er wie ein **Höchstpreis.**

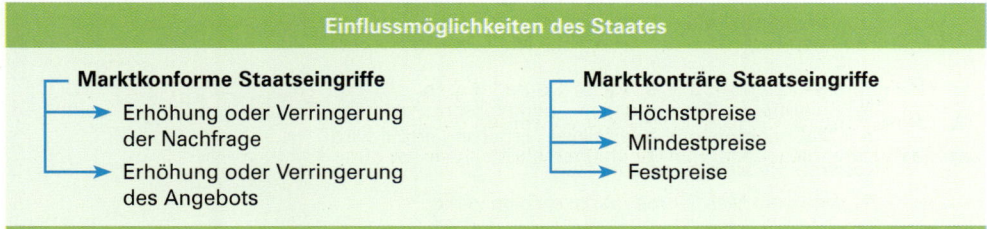

Einflussmöglichkeiten des Staates

Marktkonforme Staatseingriffe
→ Erhöhung oder Verringerung der Nachfrage
→ Erhöhung oder Verringerung des Angebots

Marktkonträre Staatseingriffe
→ Höchstpreise
→ Mindestpreise
→ Festpreise

Kompetenztraining

10   1. Beschreiben Sie den Begriff marktkonformer Staatseingriffe auf einem Gütermarkt!

2. Nennen Sie mindestens drei Möglichkeiten, wie der Staat auf einem Gütermarkt systemkonform eingreifen kann! Beschreiben Sie die Wirkungsrichtung dieser Eingriffe!

3. Der Staat hat die Subventionen an die Landwirtschaft erhöht bzw. verringert.

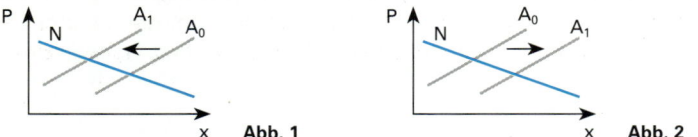

Abb. 1   Abb. 2

Aufgaben:

3.1 Begründen Sie, welche Abbildung die Erhöhung bzw. Verringerung der Subventionszahlung darstellt!

3.2 Erläutern Sie, welches Ziel der Staat mit der Erhöhung bzw. Verringerung der Subventionszahlung verfolgt!

4. 4.1 Begründen Sie, ob es sich um eine marktkonforme oder marktkonträre Maßnahme des Staates handelt!

4.2 Begründen Sie, welcher Art der Preis P_0 ist!

4.3 Erläutern Sie, welche Marktsituation vorliegt und welche Konsequenzen sich langfristig daraus ergeben!

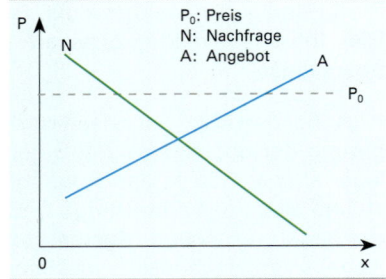

5. 5.1 Begründen Sie, ob es sich um eine marktkonforme oder marktkonträre Maßnahme des Staates handelt!

5.2 Begründen Sie, welcher Art der Preis P_0 ist!

5.3 Erläutern Sie, welche Marktsituation vorliegt und welche Konsequenzen sich langfristig ergeben!

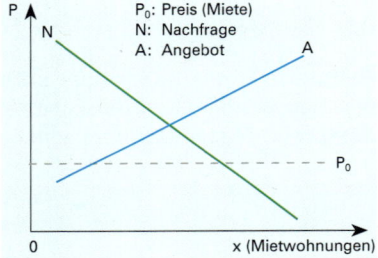

6. Die Eingriffe des Staates sollen „marktkonform" erfolgen. Entscheiden Sie bei nachfolgenden Maßnahmen, inwieweit diese Forderung erfüllt wird!

Notieren Sie als Lösung eine

(1), wenn die Maßnahme marktkonform wirkt,

(2), wenn die Maßnahme marktkonträr wirkt,

(9), wenn eine genaue Zuordnung nicht möglich ist!

6.1 Der Staat fördert den Bau von privaten Eigenheimen durch die Zahlung einer zeitlich begrenzten Bauzulage.

6.2 Staatliche Betriebe werden privatisiert.

6.3 Das Privateigentum an Maschinen und Produktionsanlagen wird abgeschafft.

6.4 Bei der Zahlung von Arbeitslosengeld II werden die familiären Unterstützungsmöglichkeiten mit berücksichtigt.

6.5 Das Niveau des Arbeitslosengeldes II wird erhöht und übersteigt in starkem Maße die tariflichen Mindestlöhne.

6.6 Zur Unterstützung landwirtschaftlicher Betriebe werden staatliche Mindestpreise garantiert.

6.7 Zum Aufbau einer privaten Altersvorsorge werden bestimmte Vermögensanlagen staatlich gefördert.

7. Erläutern Sie die nachfolgende Grafik[1], der das Modell zur Bildung des Gleichgewichtsprei-ses zugrunde liegt!

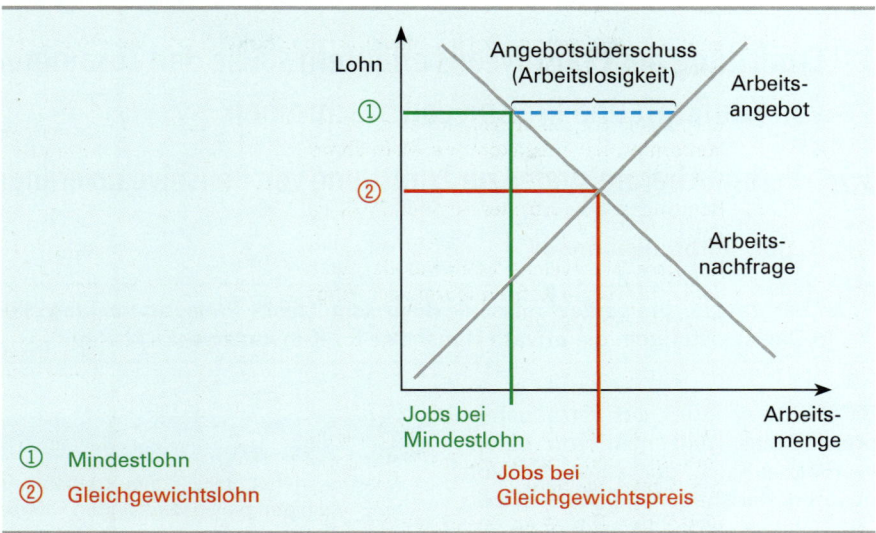

1 Quelle: F.A.Z.-Grafik Piron, http://www.faz.net/aktuell/wirtschaft/wirtschaftspolitik/die-wichtig...

Fakultative Inhalte

1 Ermittlung des Preisniveaus erläutern sowie den Zusammenhang von Kaufkraft und Preisniveau beschreiben

1.1 Verbraucherpreisindex zur Ermittlung von Preisniveauveränderungen

(1) Begriff Verbraucherindex[1]

> Der **Verbraucherpreisindex**[2] misst die **durchschnittliche Preisentwicklung** aller Waren und Dienstleistungen, die **private Haushalte** für **Konsumzwecke** kaufen.

Bei der Berechnung des Verbraucherpreisindexes geht man von einem **Warenkorb** aus, der sämtliche von privaten Haushalten gekaufte Waren und Dienstleistungen widerspiegelt. Derzeit umfasst der Warenkorb ca. 600 Sachgüter und Dienstleistungen.

Beispiele für den Warenkorb:

Nahrungsmittel, Bekleidung, Kraftfahrzeuge, Mieten, Reinigungsdienstleistungen, Reparaturen, Getränke, Strom, Gas, Wasser , Möbel, Haushaltsgeräte, Medikamente.

Der Warenkorb wird laufend aktualisiert, damit immer diejenigen Güter in die Preisbeobachtung eingehen, welche von den privaten Haushalten aktuell gekauft werden. Der Verbraucherpreisindex wird vom **Statistischen Bundesamt** in Wiesbaden erstellt.

> Der **Verbraucherpreisindex** ist der **wichtigste Maßstab zur Beurteilung der Geldwertentwicklung** in Deutschland.

(2) Berechnung des Verbraucherpreisindexes

Ausgangspunkt für die Berechnung des Verbraucherpreisindexes ist der Warenkorb. Da jedoch nicht alle Güter das gleiche Gewicht im Warenkorb besitzen, erstellt das Statistische Bundesamt ein **„Wägungsschema"**.

Das Wägungsschema bestimmt die prozentualen Anteile der Güter und Dienstleistungen aus dem Warenkorb an den Ausgaben aller privaten Haushalte.

Für die einzelnen Güter des Wägungsschemas werden in ganz Deutschland

Beispiel:

Werden die Nahrungsmittel mit 41 % im Wägungsschema gewichtet, so besagt dies, dass von den Gesamtausgaben der privaten Haushalte 41 % auf den Kauf von Nahrungsmitteln entfallen.

monatlich über 300 000 Einzelpreise von Preiserhebern erfasst. Die ermittelten Preise umfassen den Anschaffungspreis einschließlich Umsatzsteuer und Verbrauchsteuern.

---

1 **Indizes:** Mz. von Index; ein Index ist wörtlich ein „Anzeiger". Der **Preisindex** zeigt also Preisveränderungen an. Wichtige Preisindizes sind z. B.: Index der Einkaufspreise landwirtschaftlicher Betriebsmittel, Index der Grundstoffpreise, Index der Großhandelsverkaufspreise und der Index der Einzelhandelspreise.

2 Quelle: https://www.destatis.de/DE/ZahlenFakten/GesamtwirtschaftUmwe...

Beispiel:

Um den Vorgang der Preisindexberechnung deutlich zu machen, wird ein sehr vereinfach-tes Wägungsschema zugrunde gelegt (5 statt 600 Positionen):

Warenkorb	Wägungsschema Jahr 00		Preise			
			01		02	
1. Nahrungsmittel	615,00 GE	41%	615,00 GE		615,00 GE	
2. Kleidung	600,00 GE	40%	600,00 GE		660,00 GE	
3. Wohnung	150,00 GE	10%	200,00 GE		200,00 GE	
4. Brennstoffe	60,00 GE	4%	60,00 GE		60,00 GE	
5. Dienstleistungen	75,00 GE	5%	75,00 GE		75,00 GE	
Gesamtausgaben	1500,00 GE	100%	1550,00 GE	103,3%	1610,00 GE	107,3%

Erläuterungen: Berechnung des Verbraucherindexes im Jahr 01 und 02

Das Basisjahr 00 wird mit 100 Punkten angesetzt. Die angenommene Verteuerung der Wohnungsausgaben um 50,00 GE im Jahr 01 (= $33^1/_3$%) bewirkt bei Konstanz aller anderen Preise eine Erhöhung der Lebenshaltungskosten um 3,3 auf 103,3 Punkte.

$$1500,00 \text{ GE (00)} \triangleq 100 \text{ Punkte}$$
$$1550,00 \text{ GE (01)} \triangleq x \text{ Punkte}$$
$$x = \frac{100 \cdot 1550}{1500} = \underline{103,3 \text{ Punkte}}$$

Steigen im Jahr 02 z.B. die Preise für Kleidung um 10%, erhöhen sich die Lebenshaltungskosten um 4 auf 107,3 Punkte.

$$1500,00 \text{ GE (00)} \triangleq 100 \text{ Punkte}$$
$$1610,00 \text{ GE (02)} \triangleq x \text{ Punkte}$$
$$x = \frac{100 \cdot 1610}{1500} = \underline{107,3 \text{ Punkte}}$$

Insgesamt gilt also, dass Preissteigerungen bei bestimmten Waren und Dienstleistungen sich auf den Verbraucherpreisindex umso stärker auswirken, je größer ihr prozentualer Anteil (ihr „Gewicht") an den Gesamtausgaben eines durchschnittlichen Haushalts ist.

Das Wägungsschema für den Verbraucherpreisindex wird nur **alle fünf Jahre aktualisiert.**[1] Der Grund ist, dass man innerhalb des Fünfjahreszeitraums die reine Preisentwicklung, unbeeinflusst von Änderungen der Ausgabengewichte, darstellen möchte.

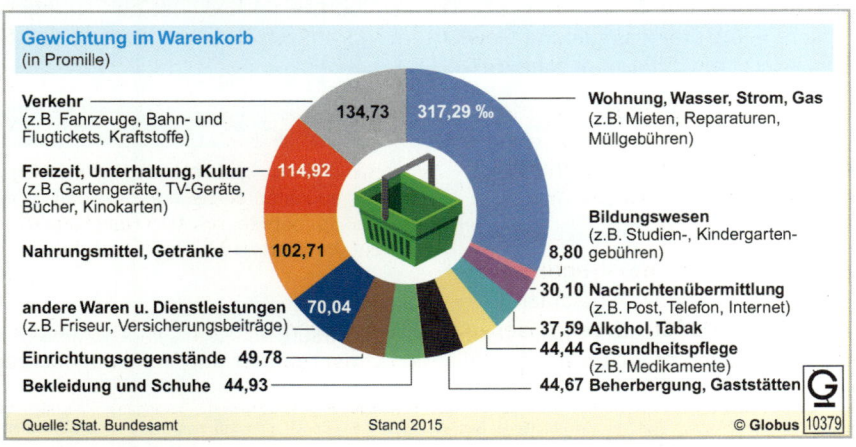

Gewichtung im Warenkorb (in Promille)

Verkehr (z.B. Fahrzeuge, Bahn- und Flugtickets, Kraftstoffe) — 134,73

Freizeit, Unterhaltung, Kultur (z.B. Gartengeräte, TV-Geräte, Bücher, Kinokarten) — 114,92

Nahrungsmittel, Getränke — 102,71

andere Waren u. Dienstleistungen (z.B. Friseur, Versicherungsbeiträge) — 70,04

Einrichtungsgegenstände 49,78

Bekleidung und Schuhe 44,93

317,29 ‰ — Wohnung, Wasser, Strom, Gas (z.B. Mieten, Reparaturen, Müllgebühren)

8,80 — Bildungswesen (z.B. Studien-, Kindergartengebühren)

30,10 Nachrichtenübermittlung (z.B. Post, Telefon, Internet)

37,59 Alkohol, Tabak

44,44 Gesundheitspflege (z.B. Medikamente)

44,67 Beherbergung, Gaststätten

Quelle: Stat. Bundesamt   Stand 2015   © Globus 10379

---
1 Die letzte Umstellung des Wägungsschemas auf neuere Verbrauchsverhältnisse erfolgte 2013.

(3) Beziehungen zwischen Änderung des Preisniveaus und der Kaufkraft des Geldes

■ Begriff Kaufkraft

Die Preise einzelner Güter ändern sich ständig und damit auch die Kaufkraft des Geldes.

> Die **Kaufkraft des Geldes** ist die Gütermenge, die mit einer Geldeinheit erworben werden kann.

Zur Messung der Kaufkraft wird der Verbraucherpreisindex herangezogen, der die Preisentwicklung der typischen Güter der Lebenshaltung, d. h. des Warenkorbs, widerspiegelt.

- **Sinkt der Verbraucherpreisindex,** hat sich die **Kaufkraft des Geldes erhöht.** Für **eine Geldeinheit** können **mehr Güter** als zu einem früheren Zeitpunkt gekauft werden.
- **Steigt der Verbraucherpreisindex,** hat sich die **Kaufkraft des Geldes verringert.** Für **eine Geldeinheit** können **weniger Güter** als zu einem früheren Zeitpunkt gekauft werden.

> **Geldwert und Preisniveau** (ausgedrückt durch den Verbraucherpreisindex) verhalten sich **umgekehrt.**
>
> **Steigt das Preisniveau** (der Verbraucherpreisindex), **sinkt die Kaufkraft des Geldes** und umgekehrt.

■ Berechnung der Kaufkraft

Beispiel:

Der Verbraucherpreisindex ist von 103,3 % im Jahr 01 auf 107,3 % im Jahr 02 gestiegen.

Aufgaben:

1. Berechnen Sie, um wie viel Prozent die Kaufkraft im Jahr 02 gegenüber dem Jahr 01 gesunken ist!
2. Ermitteln Sie die Veränderung der Kaufkraft bezogen auf das Basisjahr (100 %)!

Lösungen:

Zu 1.:   107,3 % $\widehat{=}$ 100 %
103,3 % $\widehat{=}$ x   %

$$x = \frac{100 \cdot 103,3}{107,3} = \underline{\underline{96,27\,\%}}$$

Zu 2.:
Kaufkraft im Jahr 02	96,27 %
− Kaufkraft im Basisjahr	100,00 %
Veränderung der Kaufkraft	− 3,73 %

Ergebnis: Die Kaufkraft des Geldes hat im Beobachtungszeitraum um 3,73 % abgenommen.

■ **Lohnkaufkraft**

Eine andere Bedeutung hat der Begriff „Kaufkraft", wenn er die Frage beantwortet, wie lange ein Arbeitnehmer arbeiten muss, um eine bestimmte Güterart kaufen zu können. Je kürzer die Arbeitszeit ist, desto höher ist die Kaufkraft des Arbeitsentgelts (die sogenannte **Lohnkaufkraft**).

Beispiele:

- 1960 war der durchschnittliche Arbeitsaufwand für 1 kg Schweinekotelett 2 Stunden und 37 Minuten, im Jahr 2012 nur noch 31 Minuten.
- Ein halbes Pfund Butter kostete damals noch 39 Minuten Arbeitszeit, 2012 nur noch 5 Minuten.

- Langlebige Haushaltsgeräte, die für einen Arbeitnehmerhaushalt Anfang der sechziger Jahre noch kaum erschwinglich waren, kamen im Zuge der Massenproduktion zu so günstigen Preisen auf den Markt, dass der Arbeitszeitaufwand für den Kauf dieser Waren besonders stark zurückging. Ein Fernseher zum Beispiel, der einen Durchschnittsarbeitnehmer 1960 noch mehr als 350 Arbeitsstunden kostete, war 2012 – technisch stark verbessert – schon nach knapp 28 Stunden verdient.

(4) Kritik am Verfahren zur Messung von Preisniveauveränderungen

Zur Kritik dieses Messkonzepts können folgende Punkte angeführt werden:

- Bei der Messung findet einzig die **private** Bedürfnisbefriedigung Berücksichtigung. Sie erfasst nur einen Teil der volkswirtschaftlichen Produktion (die Konsumgüter) und spiegelt die Preisniveauänderungen somit nur unzureichend wider.
- Inwiefern jemand von der Geldwertveränderung betroffen ist, hängt im Wesentlichen von seiner **Einkommensverwendung** ab, also davon, ob sein Konsumverhalten tatsächlich durch den Warenkorb repräsentiert wird.
- **Kaufverträge zwischen Haushalten** finden **keine** Berücksichtigung. Das ist zum Beispiel bei Käufen von gebrauchten Fahrzeugen ebenso von Bedeutung wie bei allen Käufen auf privaten Flohmärkten oder bei Internetauktionen.
- Erfasst werden nur die **offiziellen Laden- oder Listenpreise**; Rabatte, Sonderaktionen (z. B. Preisnachlässe für Vereinsmitglieder, Personalkäufe) und Fabrikverkäufe bleiben unberücksichtigt.

1.2 Auswirkungen einer Inflation

(1) Begriff Inflation

Wenn die Kaufkraft bei gleich hohem Einkommen sinkt, wird von Geldentwertung (Inflation)[1] gesprochen.

- **Inflation** ist ein ständiger allgemeiner **Anstieg der Preise,** der zu einer **Minderung der Kaufkraft des Geldes** führt.
- Maßstab zur **Messung der Inflationsrate** ist der **Verbraucherpreisindex.**

---

1 **Inflation:** wörtlich „das Sichaufblähen"; Geldentwertung durch Erhöhung des Preisniveaus.

Ist der Wertverlust zu groß, nimmt das Vertrauen in die entsprechende Währung ab und ihr Wert sinkt weiter. Die Folge ist die „Flucht" in

- **Sachwerte** (z.B. Häuser, Wohnungen, Aktien),
- eine **Ersatzwährung** (z.B. Gold),
- den **Tauschhandel.**

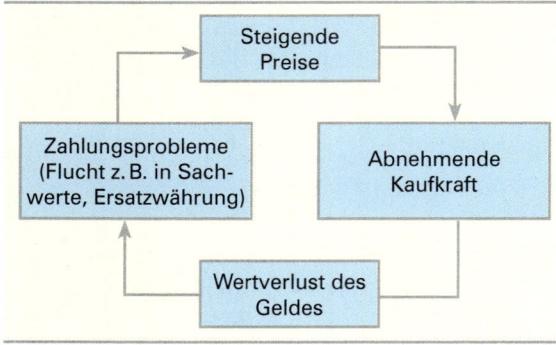

(2) Nominal- und Reallohn

Was der Arbeitnehmer am Monatsende **ausbezahlt erhält (Nettolohn),** nennt man **Nominallohn.**[1] Setzt man den Nominallohn ins Verhältnis zum Preisniveau, erhält man den **Reallohn.**[2] Er gibt die Gütermenge an, die mit dem betreffendem Nominallohn gekauft werden kann.

> Der **Reallohn** berücksichtigt die **Kaufkraft des Einkommens.**

Auf den ersten Blick kann sich die Einkommensentwicklung der letzten Jahre in Deutschland sehen lassen. Die durchschnittlichen Bruttomonatsverdienste je Arbeitnehmer erhöhten sich von 1 659,00 EUR im Jahr 1991 auf schätzungsweise 2 787,00 EUR im Jahr 2016; das ist ein Plus von 68 % Und auch netto – also nach Abzug von Steuern und Sozialversicherungsbeiträgen – gab es über die Jahre einen ordentlichen Zuwachs: Plus 60 % (von 1 159,00 auf 1 849,00 EUR) lautet das Ergebnis im Vergleich zu 1991. Berücksichtigt man jedoch die Geldentwertung durch den

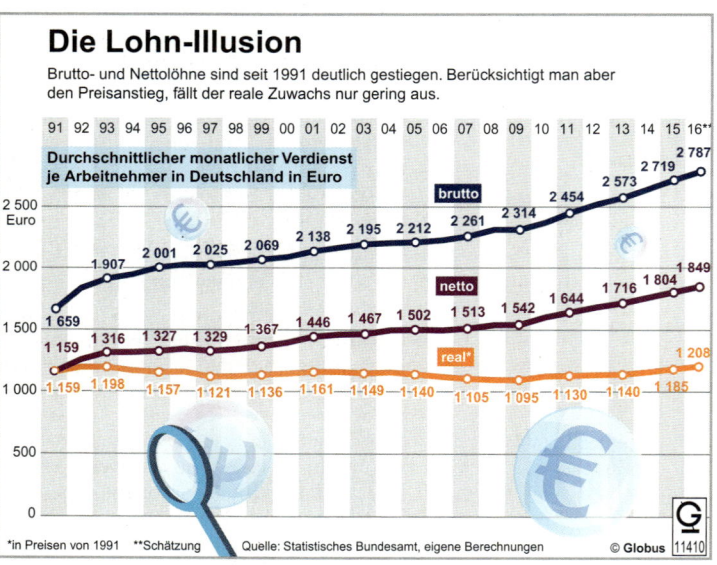

Die Lohn-Illusion

Brutto- und Nettolöhne sind seit 1991 deutlich gestiegen. Berücksichtigt man aber den Preisanstieg, fällt der reale Zuwachs nur gering aus.

*in Preisen von 1991   **Schätzung   Quelle: Statistisches Bundesamt, eigene Berechnungen   © Globus 11410

Anstieg der Verbraucherpreise, dann schrumpft dieser Zuwachs erheblich – und zwar auf 4,2 %. Denn die Verbraucherpreise in Deutschland sind seit dem Jahr 1991 um über 50 % gestiegen. Berücksichtigt man diese Entwicklung, dann ist die Kaufkraft der Nettomonatsverdienste im Jahr 2016 nur um 49,00 EUR höher als im Jahr 1991. Mit anderen Worten: Die Realeinkommen der Arbeitnehmer haben sich von 1991 bis 2015 nur im Schneckentempo erhöht – der Arbeitnehmer von heute kann sich gerade einmal für rund 50,00 EUR (in Kaufkraft des Jahres 1991) mehr leisten als vor 25 Jahren.

---

1 **„Nominal"** kommt von „nominell", d.h. dem Namen nach, dem Nennwert nach.

2 **Real:** wirklich.

Der **Nominallohn** sagt nichts darüber aus, wie viel sich ein Arbeitnehmer dafür kaufen kann.

- Steigt der Nominallohn schneller als das Preisniveau, nimmt der Lebensstandard zu. Der Reallohn ist gestiegen.
- Steigen die Nominallöhne schwächer als die Preise, nimmt der Lebensstandard ab. Der Reallohn ist gesunken.

Aufgrund der Inflation kommt es zu höheren Lohnforderungen seitens der Gewerkschaften und somit auch zu Erhöhungen bei den Nominallöhnen. Diese höheren Lohnkosten wälzen die Unternehmen ihrerseits über die Preise auf die Nachfrage ab. Die Folge der auf die Preise überwälzten höheren Lohnkosten werden i. d. R. erneute, höhere Lohnforderungen der Gewerkschaften sein, die dann wieder durch höhere Preisforderungen der Unternehmen beantwortet werden. Ein solches Abwechseln von Lohn- und Preisforderungen bezeichnet man als „Lohn-Preis-Spirale".

(3) Inflationsauswirkungen

Auswirkungen auf	Erläuterungen
Arbeitnehmer, Rentner, Bezieher von sozialen Leistungen (z. B. Sozialhilfe, Kindergeld)	Sinkt das Realeinkommen der Arbeitnehmer und werden die Sozialleistungen nicht den Preissteigerungen angepasst, gehört diese Personengruppe zu den **Inflationsverlierern.**
Sparer	Die Kaufkraft der Spareinlagen sinkt durch die Inflation. - Ist der **Sparzinssatz höher** als die **Inflationsrate,** gehören die Sparer zu den **Inflationsgewinnern.** - Ist der **Sparzinssatz niedriger** als die **Inflationsrate,** gehören die Sparer zu den **Inflationsverlierern.**
Schuldner	Besteht die zu tilgende Schuld in einem festen Geldbetrag und wird die vereinbarte Darlehenssumme nicht der Inflationsrate angepasst, gehören die Schuldner zu den **Inflationsgewinnern.** Der Realwert der Schulden vermindert sich durch die Inflation.
Eigentümer von Sachwerten	Die Eigentümer von Grundstücken, Aktien, Unternehmen können ihr **Vermögen erhalten**, da der Wert der Sachgüter in Höhe der Inflationsrate ansteigt. Geht man davon aus, dass die Arbeitnehmer i. d. R. ihre Ersparnisse auf Sparbüchern anlegen, während die Selbstständigen und die Unternehmen ihr Vermögen in Sachwerten investiert haben, verschiebt sich die Vermögensverteilung zugunsten der Selbstständigen und der Unternehmen. **Soziale Ungleichheit wird durch die Inflation vergrößert.**

Kompetenztraining

11 1. Der Verbraucherpreisindex eines Landes entwickelte sich wie folgt:

Jahr	00	01	02	03	04
Verbraucherpreisindex	100	105,1	110,8	117,9	125,7

Aufgaben:

1.1 Analysieren Sie diese Daten und beschreiben Sie, wie sie gewonnen werden!

1.2 Erläutern Sie, warum man aus dem Verbraucherpreisindex allein keine Aussage über die Entwicklung des Lebensstandards machen kann!

2. Erklären Sie die Begriffe Kaufkraft des Geldes und Preisniveau!

3. Stellen Sie dar, in welchem Verhältnis Preisniveau und Kaufkraft zueinander stehen!

4. Nennen Sie die Schritte zur Ermittlung des Verbraucherpreisindex!

5. 5.1 Erläutern Sie die Begriffe Warenkorb und Wägungsschema und stellen Sie dar, warum sie regelmäßig neu ermittelt werden!

5.2 Erklären Sie den Begriff Basisjahr!

6. Unterscheiden Sie die Begriffe Real- und Nominallohn!

7. 7.1 Erklären Sie den Begriff der Inflation!

7.2 Nennen Sie jeweils einen Inflationsgewinner und einen Inflationsverlierer und begründen Sie Ihre Entscheidung!

7.3 Stellen Sie dar, wie sich eine Inflation auf die Einkommens- und Vermögensverteilung auswirkt!

12 1. Professor Theo Rettisch lehrt Volkswirtschaftslehre und ist immer bemüht, die wissenschaftlichen Theorien auch praktisch umzusetzen. Seine Tochter Leonie, die zurzeit noch eine Ausbildung zur Kauffrau im Einzelhandel absolviert, ist ebenfalls an ökonomischen Fragen sehr interessiert. Damit die jährlichen Verhandlungen zwischen Vater und Tochter bezüglich der Taschengelderhöhung etwas problemloser verlaufen, haben beide Folgendes vereinbart:

Leonie erhält eine Erhöhung ihres Taschengeldes in der Höhe der gestiegenen Preise der Güter und Dienstleistungen in ihrem „Warenkorb", d. h. der Güter und Dienstleistungen, die sie monatlich konsumiert. Sie erhält diese Erhöhung jedoch nicht automatisch, sondern sie muss jedes Jahr „berichten", um wie viel Prozent ihre Ausgaben gestiegen sind. Dabei bedient sie sich folgenden Schemas:

„Warenkorb" von Leonie	Preis je Einheit im Basisjahr P_0	Menge im Basisjahr Q_0	Wert im Basisjahr $P_0 \cdot Q_0$	Preis je Einheit im Berichtsjahr 1 P_1	Wert im Berichtsjahr 1 $P_1 \cdot Q_0$
Zeitschriften	7,50	2		8,00	
Schokolade	1,00	20		1,10	
Handy	1,50	30		1,40	
Kosmetik	1,00	30		1,10	
Kino	6,00	2		6,00	
Wert des „Warenkorbs"					

Verbraucherpreisindex	100	
Preissteigerung/Taschengelderhöhung	–	

Quelle: In Anlehnung an: Geld & Geldpolitik, Deutsche Bundesbank, Frankfurt am Main 2006.

Aufgaben:

1.1 Übertragen Sie die vorangestellten Tabellen in Ihr Heft und ermitteln Sie den Wert des „Warenkorbs" von Leonie und somit die Höhe des Taschengeldes im Basisjahr!

1.2 Angenommen, die Mengen in Leonies „Warenkorb" verändern sich nicht, d.h., dass Leonie im 1. Berichtsjahr die gleiche Menge der Güter und Dienstleistungen konsumiert wie im Basisjahr. Ermitteln Sie den Wert des „Warenkorbs" für Leonies Berichtsjahr 1!

1.3 Ermitteln Sie den Verbraucherpreisindex für das Berichtsjahr 1!

1.4 Berechnen Sie die Preissteigerung bzw. Taschengelderhöhung für das Berichtsjahr 1 gegenüber dem Basisjahr!

2. Nennen Sie die Bedingungen, unter denen die Reallöhne

2.1 steigen,

2.2 gleich bleiben oder

2.3 sinken!

3. Erläutern Sie, warum es falsch ist, den Bruttolohn zur Berechnung der Reallohnentwicklung heranzuziehen!

4. Der vom Statistischen Amt eines Landes ermittelte Preisindex für die Lebenshaltung ist in den Jahren 02, 08, 12 und 16 jeweils auf eine neue Basis (= 100) gestellt worden.

Vom Jahr 12 bis April 16 stieg der Preisindex für die Lebenshaltung auf 140,6.

Aufgaben:

4.1 Erläutern Sie, welche in der Zeit vom Jahr 02 bis 16 eingetretenen Veränderungen das Statistische Amt veranlasst haben können, den dem Index zugrunde liegenden Warenkorb mehrfach neu aufzustellen!

4.2 Erläutern Sie, in welchem Verhältnis das durch Preisindizes gemessene Preisniveau zum Geldwert steht!

4.3 Berechnen Sie in Prozent die Geldwertänderung (Kaufkraftverlust), die vom Basisjahr 12 bis April 16 eingetreten ist!

5. Als Inflationsursache wird häufig auch die sogenannte Lohn-Preis-Spirale aufgeführt.

5.1 Erläutern Sie, was unter diesem Begriff zu verstehen ist!

5.2 Stellen Sie dar, unter welchen Bedingungen eine Lohn-Preis-Spirale Inflationsursache sein könnte!

2 Aufbau und Aufgaben des Europäischen Systems der Zentralbanken erläutern

2.1 Europäische Zentralbank (EZB)

(1) Begriffe Eurosystem und Europäisches System der Zentralbanken

Die **Europäische Zentralbank (EZB)** und die **nationalen Zentralbanken (NZBen)** der **Mitgliedstaaten der Europäischen Union,** deren **Währung der Euro ist,** bilden das Zentralbankensystem des Euro-Währungsgebietes: **das Eurosystem.**

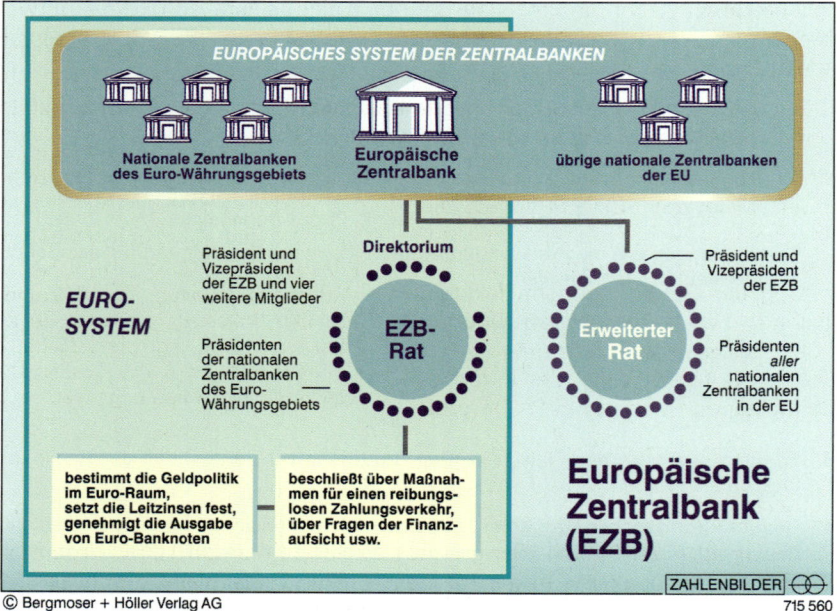

© Bergmoser + Höller Verlag AG

715 560

Das **Europäische System der Zentralbanken (ESZB)** setzt sich aus der EZB und den NZBen aller EU-Mitgliedstaaten zusammen, d.h., es sind auch die **NZBen der Mitgliedstaaten** darin vertreten, die den Euro noch **nicht** eingeführt haben.

EZB und **ESZB** sind von Weisungen politischer Instanzen **unabhängig**.

(2) Aufgaben des ESZB

Die Aufgaben des ESZB sind im „Vertrag über die Arbeitsweise der Europäischen Union (AEU-Vertrag)" festgelegt. Wichtige Aufgaben sind z.B.[1]

- **Banknoten ausgeben.** Die EZB hat das ausschließliche Recht, die Ausgabe von Banknoten innerhalb des Euroraums zu genehmigen,
- die **Geldpolitik** für das Euro-Währungsgebiet festzulegen und auszuführen,
- **Devisengeschäfte** durchzuführen,
- die Währungsreserven der Mitgliedstaaten des Eurogebiets zu halten und zu verwalten **(Portfoliomanagement)** und
- das reibungslose Funktionieren der **Zahlungssysteme** zu fördern.

Beachte: **Öffentliche Haushalte** dürfen vom ESZB **nicht finanziert** werden.

(3) Vorrangiges Ziel des ESZB

Vorrangiges Ziel des ESZB ist die Preisstabilität.

Nach der Definition des ESZB liegt **Preisstabilität** vor, wenn die **Preissteigerungsrate** (die Inflationsrate) **unter 2%** gegenüber dem Vorjahr liegt.

---

1 Quelle: http://www.ecb.europa.eu/ecb/tasks/html/index.de.html.

Um mögliche Gefahren für die Preisstabilität rechtzeitig feststellen und die notwendigen Maßnahmen zur Abwehr ergreifen zu können, untersucht der EZB-Rat regelmäßig die wirtschaftliche Lage von zwei Seiten her.

■ An erster Stelle steht eine breit angelegte **wirtschaftliche Analyse** zur Ermittlung der kurz- und mittelfristigen Risiken für die Preisstabilität.

■ Die sich daraus ergebenden Inflationsanzeichen werden in einem **zweiten Schritt** anhand der **monetären Analyse** aus mittel- und langfristiger Sicht ermittelt. Ein wichtiger Bestandteil dieser Analyse ist die Bewertung der Geldmengenentwicklung. Richtschnur zur längerfristigen Beurteilung des Geldmengenwachstums ist der sogenannte **Referenzwert,**[1] der in längeren Zeitabständen von der EZB überprüft wird.

> **Beispiel:**
>
> Erwartet die EZB ein jährliches reales Wirtschaftswachstum von 3 % und eine jährliche Preissteigerungsrate (Inflationsrate) von 1,5 %, legt der EZB-Rat einen Referenzwert von 4,5 % für das jährliche Wachstum der Geldmenge fest.

(4) Deutsche Bundesbank

Die währungspolitischen Entscheidungen des EZB-Rats werden i. d. R. dezentral durch die nationalen Zentralbanken – in der Bundesrepublik Deutschland durch die Deutsche Bundesbank – verwirklicht. Nur wenn der EZB-Rat Ermessensspielräume zulässt, hat eine nationale Zentralbank, wie z. B. die Deutsche Bundesbank, gestalterische Möglichkeiten der Umsetzung.

■ Die **Deutsche Bundesbank** ist wie die übrigen nationalen Zentralbanken der EU **Mitglied des ESZB.** Sie wirkt an der **Erfüllung seiner Aufgaben** mit dem vorrangigen Ziel mit, die Preisniveaustabilität zu gewährleisten.

■ Sie **verwaltet** die **Währungsreserven der Bundesrepublik Deutschland,** sorgt für die **bankmäßige Abwicklung des Zahlungsverkehrs** im Inland und mit dem Ausland und trägt zur **Stabilität der Zahlungs- und Verrechnungssysteme** bei.

2.2 Hauptrefinanzierungsgeschäft als geldpolitische Maßnahme der EZB

Mithilfe der **Geldpolitik** kann die Europäische Zentralbank die **Entwicklung des Preisniveaus** und den **Verlauf der Konjunktur** beeinflussen.

Der Europäischen Zentralbank stehen verschiedene geldpolitische Instrumente (Maßnahmen) zur Verfügung, um die Geldmenge und damit den Geldwert und die Konjunktur im Euro-Währungsgebiet zu beeinflussen. Im Folgenden wird das Hauptrefinanzierungsgeschäft als wohl wichtigstes Instrument der Geldpolitik dargestellt.

Beim **Hauptrefinanzierungsgeschäft** bietet die EZB den Geschäftsbanken **wöchentlich Zentralbankgeld** mit einer **Laufzeit von sieben Tagen** an. Die Geschäftsbanken können sich somit wöchentlich zeitlich befristetes Zentralbankgeld bei der EZB beschaffen. Dafür müssen sie **Sicherheiten in Form von Wertpapieren** bei der EZB hinterlegen. Der **Zinssatz**

---

1 **Referenz** (frz. référence, engl. reference): Empfehlung, **Referenzwert**: empfohlener Wert.

für das Hauptrefinanzierungsgeschäft wird von der **EZB** jeweils nach der aktuellen Geld-mengenentwicklung **festgelegt.** Soll die **Geldmenge** im Euroraum **verkleinert** werden, wird der EZB-Rat den **Zinssatz erhöhen,** soll die **Geldmenge ausgeweitet** werden, wird der EZB-Rat den **Zinssatz senken**.

Der für das Hauptrefinanzierungsgeschäft von der EZB festgelegte Zinssatz **(Refisatz)** hat Einfluss auf sämtliche Zinssätze, die die Banken für ausgegebene Kredite von ihren Kunden verlangen. Der Refi-Satz ist der **ent-scheidende Leitzins** in der Europäischen Wirtschafts- und Währungsunion. Von Leit-zins spricht man deshalb, weil sich nach ihm alle übrigen Zinssätze richten. Die kurze Laufzeit von 7 Tagen sowie der nur einmal in der Woche festgelegte Termin führen dazu, dass die EZB über das Hauptrefinanzierungsgeschäft sehr schnell in die Geldpolitik ein-greifen kann.

> **Beispiel:**
>
> Verteuert sich die Geldbeschaffung für die Banken, werden diese den Zinssatz für Kredite anheben und damit die Verteue-rung an die Kunden weitergeben.

- Gegenstand des **Hauptrefinanzierungsgeschäfts** ist, dass Geschäftsbanken Sicher-heiten der Zentralbank stellen und gegen eine Zinszahlung in Geld umtauschen.

- Die EZB kann über die Höhe des verlangten Zinssatzes die **Höhe der Zinsen,** die die Geschäftsbanken von ihren Kunden verlangen, **indirekt beeinflussen**.

- Ziel des Hauptrefinanzierungsgeschäfts ist, das **Bankensystem mit Geld (Liquidi-tät)** zu versorgen.

Kompetenztraining

13 1. 1.1 Erläutern Sie kurz, warum die Unabhängigkeit der EZB eine wichtige Voraussetzung für die erfolgreiche Arbeit der Notenbank ist!

   1.2 Recherchieren Sie, warum der Ankauf von Staatsanleihen[1] kriselnder Euro-Staaten durch die EZB die Unabhängigkeit der EZB beeinträchtigen könnte!

   2. Beschreiben Sie kurz die Aufgaben des Eurosystems!

   3. **Unterrichtsvorschlag: Referat**

   Untersuchen Sie, welche EU-Staaten bis dato noch nicht den Euro als offizielle Währung eingeführt haben! Gehen Sie in Ihrem Referat insbesondere auf die unterschiedlichen Ur-sachen ein, welche für die Nichteinführung des Euro genannt werden.

14 1. Lesen Sie zunächst nachfolgende Geschichte!

Es war einmal ein höchst ehrenwerter und seriöser englischer Gentleman, der seinen Sommerurlaub regelmäßig auf einer net-ten kleinen Insel im Ägäischen Meer ver-brachte. Er war dort Stammgast und seine Kreditwürdigkeit war bei den Inselbe-wohnern über jeden Zweifel erhaben. Die Inselbewohner hatten keinerlei Einwände dagegen, dass er alles per Scheck bezahlte. Man hatte ja aufgrund der langjährigen Erfahrung die Gewissheit, dass diese Schecks stets gedeckt waren. Der Englän-der war auf der Insel schließlich allen so wohlbekannt und genoss ein so großes

---

1 Benötigt der Staat Geld, so hat er die Möglichkeit, eine **Anleihe** auszugeben. In diesem Wertpapier sagt der Staat den jeweiligen Käu-fern zu, jährlich bestimmte Zinsen zu vergüten und das von den Geldgebern zur Verfügung gestellte Kapital zu einem festgelegten Zeitpunkt wieder zurückzuzahlen.

Vertrauen, dass die Inselbewohner sich sogar untereinander mit diesen Schecks bezahlten. Wenn zum Beispiel der Restaurantbesitzer einen Teil seiner Zahlungen an den Lebensmittelhändler mit einem Scheck, den er für ein Essen erhalten hatte, leisten wollte, war das dem Lebensmittelhändler nur recht. Er konnte dann mit dem Scheck seine Benzinrechnung begleichen, und auf diese Art und Weise zirkulierten die Schecks des Engländers auf der ganzen Insel. Das ging dann sogar so weit, dass sie nie die Londoner Bank des Engländers zur Einlösung erreichten.

Quelle: Maurice Levi, Ökonomie ohne Rätsel, Birkhäuser Verlag, Basel 1982.

Aufgabe:

Erläutern Sie, wer denn nun eigentlich die Ferien des Engländers bezahlt hat!

2. 2.1 Erläutern Sie die Wirkung des Hauptrefinanzierungsgeschäfts!

    2.2 Der Leitzins der EZB ist derzeit sehr niedrig. Erklären Sie, welche möglichen Wirkungen von dieser Maßnahme ausgehen!

3 Folgen der europäischen Integration und der Globalisierung beschreiben

3.1 Folgen der europäischen Integration

3.1.1 Mitgliedstaaten der Europäischen Union (EU)

Die europäische Union ist ein Staatenbund mit derzeit 28 Mitgliedstaaten.

Der Ausgangspunkt für die europäische Integration hatte wirtschaftliche Gründe, als 1951 die Binnenzölle für Kohle und Stahl abgeschafft wurden. Wirtschaftliche Gründe sind es auch, die sich als Motor des Einigungsprozesses erwiesen haben. Es soll ein großer einheitlicher Markt ohne wirtschaftliche Beschränkungen geschaffen werden, der Wirtschaftswachstum und Wohlstand bringt und gleichzeitig die Basis sein soll, um im Wettbewerb mit anderen Regionen der Weltwirtschaft (USA, Asien) konkurrieren zu können.

Ziel der Integrationsbestrebungen ist, dass neben dem wirtschaftlichen Bereich auch alle sonstigen Bereiche wie z. B.

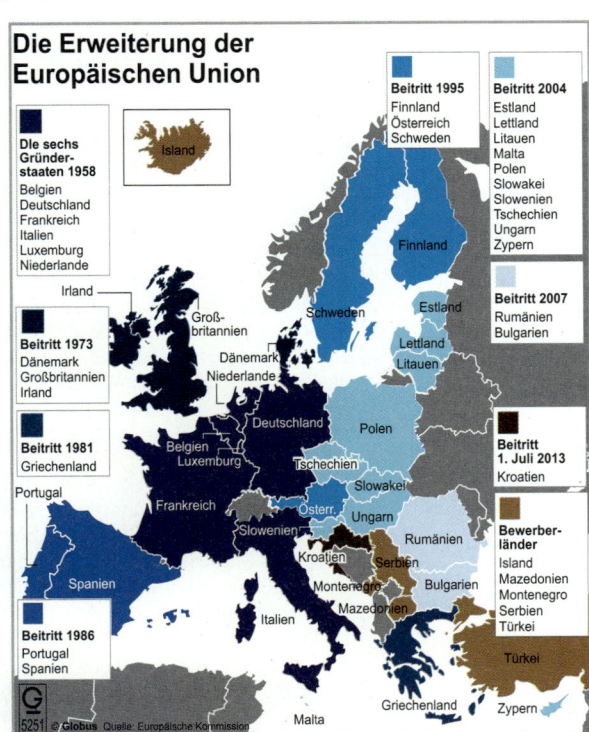

7 Boller, Speth, Hartmann - ISBN 978-3-8120-0530-2

Außen-, Verteidigungs- oder Umweltpolitik gemeinsam gestaltet und vereinheitlicht werden. Entstehen soll der Zusammenschluss der europäischen Staaten zu einer **politischen Union**.

Wichtige Stufen zur wirtschaftlichen Integration der Europäischen Union, d. h. zur Schaffung eines europäischen Binnenmarktes, sind:

1952	**Freihandelszone**	Gründung der Europäischen Gemeinschaft (EG) für Kohle und Stahl (Montanunion) durch Belgien, Niederlande, Luxemburg, Frankreich, Italien und die Bundesrepublik Deutschland (6er-Gemeinschaft). Abbau der Binnenzölle für Kohle und Stahl.
1968	**Zollunion**	Vollendung der Zollunion durch Abbau der Zölle und Handelsbeschränkungen innerhalb der EG-Länder und Errichtung eines gemeinsamen Zolltarifs gegenüber Drittländern.
1993	**Gemeinsamer Markt**	Europäischer Binnenmarkt tritt zum 01.01.1993 in Kraft. Damit entsteht in der EG ein Wirtschaftsraum, in dem der freie Verkehr von Personen, Waren und Dienstleistungen und Kapital gewährleistet ist. Am 01.11.1993 wird aus der Europäischen Gemeinschaft (EG) die Europäische Union (EU).
1997	**Wirtschaftsunion**	EU-Staats- und Regierungschefs verabschieden in Amsterdam einen Stabilitäts- und Wachstumspakt zur Sicherung der Stabilität des Euro nach dem Start der Währungsunion.
1999	**Währungsunion**	Einführung des Euro als Einheitswährung. Die Europäische Zentralbank (EZB) übernimmt die Verantwortung für die Geldpolitik. Die Währungsunion umfasst derzeit 19 Mitgliedstaaten.[1]

3.1.2 Freiheiten im Binnenmarkt

Der **Vertrag über die Arbeitsweise der Europäischen Union** (AEUV) sieht **vier Grundfreiheiten** vor:

Warenverkehrsfreiheit	Der freie Warenaustausch innerhalb der Staaten der EU wird im Rahmen der Warenverkehrsfreiheit gewährleistet. Ziel ist es, über die Öffnung der nationalen Märkte (Abschaffung der Zölle und mengenmäßigen Beschränkungen bei der Ein- und Ausfuhr von Waren sowie aller sonstigen Maßnahmen gleicher Wirkung zwischen den Mitgliedstaaten) das Produktangebot auf allen Märkten zu verbessern und zu erweitern sowie knappe Güter zu verbilligen.
Personenverkehrsfreiheit	Im Rahmen der Personenverkehrsfreiheit genießen alle EU-Bürger das Recht, sich in jedem Land der EU aufzuhalten, einen Beruf auszuüben und dort zu verbleiben. So haben Arbeitnehmer und Selbstständige das Recht, in jedem Mitgliedsland zu leben und zu arbeiten. Kein Unionsbürger darf aufgrund seiner Staatsangehörigkeit benachteiligt werden (Diskriminierungsverbot).

---

1 Belgien, Deutschland, Estland, Finnland, Frankreich, Griechenland, Irland, Italien, Lettland, Litauen, Luxemburg, Malta, Niederlande, Österreich, Portugal, Slowakei, Slowenien, Spanien, Zypern.

Dienstleistungs- verkehrsfreiheit	Dienstleistungsfreiheit bedeutet, dass Dienstleistungen über die Grenzen hinweg in jedem anderen Land angeboten werden können (z. B. Versiche- rungsabschlüsse, Beratungstätigkeiten, Telekommunikationsgeschäfte, Geschäfte auf dem Energiemarkt).
Kapital- verkehrsfreiheit	Die Kapitalflüsse zwischen den Mitgliedstaaten unterliegen keinerlei Ein- schränkungen. Durch die Europäische Wirtschafts- und Währungsunion wurde der Geld-, Kapital- und Zahlungsverkehr in der EU vollständig libe- ralisiert[1] sowie die Fiskal- und Geldpolitik verstärkt koordiniert.

3.1.3 Auswirkungen (Folgen) des Binnenmarktes

Die Schaffung des gemeinsamen Binnenmarktes ohne nationale Grenzen hat **wirtschaft- lich** insbesondere folgende Auswirkungen:

- ■ Der freie Austausch von Gütern und Dienstleistungen steigert den **Wohlstand** aller Menschen innerhalb der Europäischen Union durch eine bessere **Arbeitsteilung** und eine **höhere Pro- duktvielfalt**. Der Freihandel mit innovativen Gütern fördert auch die schnelle Verbreitung von moderner Technologie.

- ■ Der im Vergleich zu einem abgeschotteten nationalen Markt stärkere **Wettbewerbsdruck** führt zu einem größeren Angebot von Gütern und Dienstleistungen mit einem guten Preis- Leistungs-Verhältnis. Dieser Wettbewerbsdruck und die damit einhergehenden Spezialisie- rungseffekte tragen mit dazu bei, dass die Unternehmen der Mitgliedstaaten auch auf den Weltmärkten erfolgreich sein können.

- ■ Der Binnenmarkt kann das **Wirtschaftswachstum** steigern und damit den Arbeitnehmerinnen und Arbeitnehmern höhere Beschäftigungschancen und bessere Einkommensperspektiven ermöglichen. Unterentwickelten Regionen und Staaten bietet sich die Chance verbesserter Exportmöglichkeiten, und sie können in der wirtschaftlichen Entwicklung zu den wohlhaben- deren Gebieten aufschließen.

- ■ Durch all diese Effekte kann der europäische Wirtschaftsraum **besser** mit den anderen großen Wirtschaftsblöcken dieser Welt – wie Asien und Nordamerika – **konkurrieren**.

Dadurch, dass im Binnenmarkt alle Mitgliedstaaten wirtschaftlich untereinander verfloch- ten und damit voneinander abhängig sind, wird aus **politischer Sicht** die Rechtsstaatlich- keit in den einzelnen Ländern erhöht, die Völkerverständigung gefördert und die Aussicht auf Erhalt des Friedens gestärkt.

> Eine **enge wirtschaftliche Verflechtung** von Ländern schafft durch die entstehende wechselseitige Abhängigkeit **politische Stabilität** und sichert so den **Frieden**.

3.1.4 Maßnahmen zur Sicherung des Binnenmarktes

Die Grundfreiheiten des Binnenmarktes werden ergänzt durch **weitere wichtige Bestim- mungen,** die unter anderem den Wettbewerb zum Wohle der Verbraucherinnen und Ver- braucher sichern und Diskriminierungen von Unternehmen aufgrund ihrer nationalen Herkunft unterbinden sollen. Hierzu zählen im Einzelnen die **Wettbewerbskontrolle,** das **Subventionsverbot,** die **öffentliche Auftragsvergabe** sowie die **Wirtschafts- und Wäh- rungsunion.**

---

1 **Liberalisieren:** von Einschränkungen freimachen.

Wettbewerbskontrolle	Die Verwirklichung des Binnenmarktes erfordert eine Bindung aller Beteiligten an **gleiche Regeln für den Wettbewerb**. So sind Kartelle und Preisabsprachen zwischen Unternehmen untersagt und ziehen hohe Geldstrafen nach sich. Fusionen werden nicht genehmigt, wenn durch den Zusammenschluss eine **marktbeherrschende** Stellung im Binnenmarkt droht. Zudem wurden in der Vergangenheit wichtige frühere staatliche Monopole durch diese Binnenmarktprinzipien aufgelöst, wie z.B. die Monopole der deutschen Bundespost oder Bundesbahn.
Subventionsverbot	Staatliche Beihilfen, die den Wettbewerb verzerren, sind generell verboten. Über Ausnahmen entscheidet die Europäische Kommission.
Öffentliche Auftragsvergabe	Bei der Vergabe öffentlicher Aufträge sollen auch Unternehmen anderer EU-Staaten eine faire Chance auf den Zuschlag haben. Aus diesem Grunde besteht ab bestimmten Schwellenwerten des Auftragsvolumens die **Pflicht zur europaweiten Ausschreibung öffentlicher Aufträge**.
Wirtschafts- und Währungsunion	Die **europäische Gemeinschaftswährung beseitigt Hindernisse** durch verschiedene nationale Währungen, die zuvor das grenzüberschreitende Wirtschaften im Binnenmarkt belastet hatten. Mit dem Euro ist zumindest in den Teilnehmerländern ein hohes Maß an **Preistransparenz** eingekehrt.

3.2 Folgen der Globalisierung

3.2.1 Begriffe Globalisierung und Verflechtung des internationalen Handels

(1) Globalisierung

Die moderne Ausprägung der internationalen Arbeitsteilung wird als **Globalisierung** bezeichnet. Erfolgte der Austausch von Waren, Dienstleistungen und Rechten (z.B. Patente) früher in der Weise, dass der Exporteur die im Inland hergestellten Güter an den ausländischen Importeur lieferte, so lassen die Hersteller heute nicht nur im Inland, sondern auch im Ausland – also in Kundennähe – fertigen. Dies hat einen **Wettbewerb der Standorte** zur Folge. Die präzise weltweite Steuerung wird durch die hoch entwickelte Informationstechnik ermöglicht.

> **Globalisierung** im wirtschaftlichen Sinne bedeutet die zunehmende **erdweite Verflechtung von Volkswirtschaften**.

Globalisierung umfasst jedoch weit mehr als die zunehmende Integration der Weltwirtschaft und sollte nicht auf wirtschaftliche Prozesse verkürzt werden. Insbesondere die Umweltprobleme (z.B. Treibhauseffekt, Ozonloch) erfordern eine weltweite Zusammenarbeit.

(2) Verflechtung des internationalen Handels

> Die zunehmend liberalisierte und digitalisierte Weltwirtschaft mit ihren **offenen nationalen Märkten** erlaubt **Handelsverflechtungen der Volkswirtschaften** in einem bisher nicht gekannten Ausmaß.

Wie stark die **Verflechtungen des internationalen Handels** mittlerweile sind, veranschaulicht nachfolgende Übersicht.

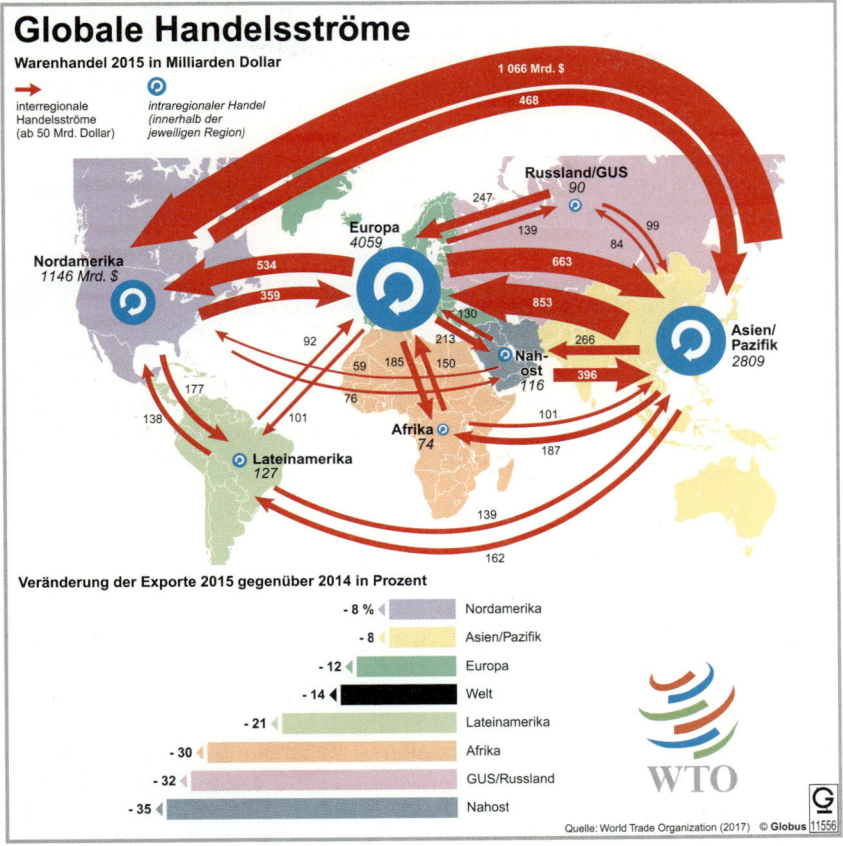

Globale Handelsströme

Warenhandel 2015 in Milliarden Dollar

→ interregionale Handelsströme (ab 50 Mrd. Dollar)

⟳ intraregionaler Handel (innerhalb der jeweiligen Region)

1 066 Mrd. $
468

Russland/GUS 90
247
139
84
99

Europa 4059

Nordamerika 1146 Mrd. $
534
359
663
130
853

92
213
266
Nahost 116
Asien/Pazifik 2809

59 185 150
396

177
76

138
101
101

Afrika 74
187

Lateinamerika 127

139

162

Veränderung der Exporte 2015 gegenüber 2014 in Prozent

- 8 %	Nordamerika
- 8	Asien/Pazifik
- 12	Europa
- 14	Welt
- 21	Lateinamerika
- 30	Afrika
- 32	GUS/Russland
- 35	Nahost

WTO

Quelle: World Trade Organization (2017) © Globus 11556

Der Welthandel wird von den **reichen Industrieländern dominiert** – allein die Europäische Union hat einen Anteil von mehr als einem Drittel. Die Handelsströme zwischen den großen Regionen der Erde spiegeln dies wider. Aus Asien kommen die Waren vor allem aus China und Japan. Afrikanische und südamerikanische Länder haben zusammen nur einen geringen Anteil an den Weltexporten.

Die Öffnung der Grenzen veranlasst die Unternehmen, die sich ergebenden **Standortvorteile** in den verschiedenen Ländern der Erde durch Handelsbeziehungen, Informationsaustausch, Unternehmenszusammenschlüsse und sonstige Aktivitäten aller Art zunutze zu machen.

3.2.2 „Digitale Revolution" als Verstärker der Globalisierung

Nachdrücklich beschleunigt wurde der Prozess der Marktöffnung für Waren, Dienstleistungen und Geld durch die **„digitale Revolution",** also durch Innovationen im Bereich der Mikroelektronik, der Telekommunikation sowie durch Methoden zur Gewinnung, Übertragung und Speicherung von Informationen.

Diese Entwicklungen ermöglichten, die Welt mit einem dichten Kommunikationsnetz zu überspannen, das nahezu jeden Punkt dieser Erde in oft nur Bruchteilen von Sekunden erreichbar werden lässt. Für die Unternehmen eröffnet dies neue Chancen, da sie durch die weltweite Vernetzung **neue Zielgruppen** erschließen können. Die Welt als großer Markt- und Handelsplatz ohne unnötige Beschränkungen und Schranken ist insofern für die Industriestaaten und ihre Produkte wichtig, da sie über die eigenen und benachbarten Grenzen hinweg verkaufen und produzieren können.

Die Durchdringung nahezu aller Arbeitsbereiche durch EDV-gestützte Techniken verändert z. B. die Art der Arbeit, führt zum Ausbau von Verkehrswegen, um die Waren in der ganzen Welt verteilen zu können, erfordert ein höheres Bildungsniveau, verändert insbesondere in den Entwicklungsländern die Berufswelt.

> **Beispiel:**
>
> Ein Automobilkonzern, der Forschungs- und Entwicklungsstandorte in Deutschland, den USA und Japan besitzt, kann die Entwicklungszeit für einen neuen Motor auf ein Drittel verkürzen, da aufgrund der Zeitverschiebung ohne Schichtarbeit rund um die Uhr geforscht und getestet werden kann. Bevor der deutsche Kollege Feierabend macht, stellt er sein Arbeitsergebnis seinem amerikanischen Kollegen via Internet zur Verfügung, dieser wiederum dem japanischen Kollegen usw.

3.2.3 Internationale Arbeitsteilung

Durch die internationale Arbeitsteilung der Wirtschaft erhöht sich das um Arbeitsplätze konkurrierende Angebot an Arbeitskräften. Die Folge ist, dass die Produktion arbeitsintensiver Güter in Länder mit dem größten und billigsten Angebot an Arbeitskräften abwandert. Dies führt zu einem Abbau von Arbeitsplätzen für gering qualifizierte Arbeitskräfte in den Industrieländern und zu einer Erhöhung der Beschäftigung in den „Niedriglohnländern". Andererseits kann durch die Erschließung und Ausweitung von Auslandsmärkten der Export gesteigert und damit Arbeitsplätze in den Industrieländern gesichert werden.

Der internationale Wettbewerb bedrängt teilweise auch qualifizierte Arbeitskräfte. Aufgrund der geringen Lebenshaltungskosten, z. B. in einem Entwicklungsland, können qualifizierte Arbeitskräfte ihre Arbeit häufig zu erheblich niedrigeren Kosten anbieten.

Der Strukturwandel durch die Globalisierung führt auf dem Arbeitsmarkt der Industrieländer zu einer **strukturellen Arbeitslosigkeit.**

> **Beispiele:**
>
> Der indische Informatiker bietet von seiner Heimat aus über das Internet den Unternehmen in den Industrieländern seine Tätigkeit als Programmierer an. Der chinesische Zahntechniker bietet europäischen Zahnärzten seine Produkte für den Zahnersatz an.

Je stärker der Strukturwandel ist, desto geringer werden die Chancen von gering qualifizierten Arbeitskräften eine Beschäftigung zu finden. Die derzeitige Zunahme von Langzeitarbeitslosen ohne einen Schulabschluss bzw. ohne abgeschlossene Berufsausbildung unter den Arbeitsuchenden ist ein Beleg hierfür. Gleichzeitig kommt es in den Niedriglohnländern zu einer Erhöhung der Beschäftigung und zu Einkommensverbesserungen.

3.2.4   Chancen und Risiken der Globalisierung

Die Globalisierung bietet eine Vielzahl von Risiken und Chancen, wobei die nachfolgende Tabelle einen Überblick über die wichtigsten Aspekte gibt.

Chancen	Risiken
■ Nutzung der Kostenvorteile anderer Volkswirtschaften. ■ Günstige Einkaufspreise durch weltweite Konkurrenz der Anbieter. ■ Risikostreuung durch weltweites Engagement der multinationalen Konzerne („Global Players"). ■ Verbesserung des Lebensstandards in den Entwicklungsländern durch Know-how-Transfer. ■ Verringerung der Kriegsgefahr wegen der gestiegenen wirtschaftlichen Abhängigkeiten. ■ Steigende Toleranz gegenüber anderen Kulturen und Mentalitäten durch den intensiven Austausch von Waren und Dienstleistungen.	■ Vergrößerung der Umweltprobleme durch eine verstärkte Wirtschaftstätigkeit und höheren Konsum. ■ Gefahr einer ruinösen Konkurrenz zwischen den einzelnen Volkswirtschaften. ■ Menschen können mit der Geschwindigkeit des Strukturwandels nicht mithalten. ■ Gefahr zunehmender Arbeitslosigkeit in Hochlohnländern. ■ Sinkende Sozialstandards in den bisherigen Industrieländern durch den zunehmenden Kostendruck. ■ Fremde Kultureinflüsse können zu Identitätsängsten führen (Gefahr des Terrorismus). ■ Weltweit operierende Konzerne untergraben die Macht der Nationalstaaten.

Ob letztlich die Chancen oder die Risiken überwiegen werden, hängt vor allem vom fairen Umgang miteinander (z. B. gleichberechtigter Zugang zum Kapitalmarkt für alle Volkswirtschaften) und von der Fähigkeit der Staatengemeinschaft ab, staatsübergreifende Institutionen (z. B. WTO, Weltbank, UNO) zu stärken und mit den erforderlichen Mitteln auszustatten.

Kompetenztraining

15   1.   1.1   Erläutern Sie die vier wichtigsten Grundfreiheiten des europäischen Binnenmarktes. Gehen Sie anschließend auch auf wichtige Bestimmungen ein, die den Wettbewerb zum Wohle der Verbraucherinnen und Verbraucher sichern sowie Diskriminierungen von Unternehmen aufgrund ihrer nationalen Herkunft unterbinden sollen!

   1.2   Skizzieren Sie kurz die wichtigsten Auswirkungen (Folgen) für einen gemeinsamen europäischen Binnenmarkt!

   1.3   Unterscheiden Sie die Begriffe „Zollunion" und „Gemeinsamer Markt"!

   1.4   Recherchieren Sie die wesentlichen Inhalte der „Wirtschaftsunion" von 1997 und grenzen Sie die Begriffe „Wirtschaftsunion" und „Währungsunion" voneinander ab!

   2.   2.1   Erläutern Sie den Globalisierungsbegriff mithilfe eines selbst gewählten Beispiels!

   2.2   Nennen Sie jeweils zwei Chancen und Risiken, die sich aus der Globalisierung ergeben!

   2.3   Zeigen Sie an einem Beispiel auf, inwiefern die Globalisierung sowohl in den Industrie- als auch in den Entwicklungsländern zu einem Strukturwandel in der Wirtschaft führen kann!

2.4 Die Schuld an der hohen Arbeitslosigkeit in einigen Industrieländern wird der Globalisierung zugeschoben. Erläutern Sie, welche Möglichkeiten Sie sehen, die Arbeitslosigkeit trotz Globalisierung zu verringern!

3. 3.1 Aus dem Umweltbericht der adidas-Salomon AG:[1]

Transportkilometer für die Beschaffung von Rohstoffen für die Serienfertigung der Fußballschuhe und für die Ballproduktion sowie die Verlagerung der Schaftproduktion und des Ballnähens:

Rohstoffeinkauf Fußballschuhe:	179 633 km
Rohstoffeinkauf Fußbälle:	22 075 km
Schaftproduktion:	69 163 km
Ballnähen:	164 416 km

Aufgabe:

Zeigen Sie auf, welche Konsequenzen in diesem Fall die Globalisierung für den Standort Deutschland hat!

3.2 Die Baumwolle wird in Kasachstan oder Indien geerntet und anschließend in die Türkei versandt.

In der Türkei wird die Baumwolle zu Garn gesponnen.

In Taiwan wird die Baumwolle mit chemischer Indigofarbe aus Deutschland gefärbt.

Aus dem gefärbten Garn werden in Polen die Stoffe gewebt.

Innenfutter und die kleinen Schildchen mit den Wasch- und Bügelhinweisen kommen aus Frankreich, Knöpfe und Nieten aus Italien.

Alle „Zutaten" werden auf die Philippinen geflogen und dort zusammengenäht.

In Griechenland erfolgt die Endverarbeitung mit Birusstein.

Die Jeans werden in Deutschland verkauft, getragen und schließlich in der Altkleidersammlung einer karitativen Organisation gegeben.

Quelle: www.globalisierung-online.de.

Aufgaben:

3.2.1 Berechnen Sie, wie viele km für die Herstellung einer Jeans wohl zurückgelegt werden!

3.2.2 Diskutieren Sie in der Klasse über den Sinn dieser globalen Arbeitsteilung!

---

1 Vgl. adidas-Salomon AG (Hrsg.): Umweltbericht 2001, S. 16.

Stichwortverzeichnis